妻は見えるひとでした

小野寺S一貴

扶桑社

「私、小野寺君と結婚するんだって」が現実となった
いつか見た光景。過去の魂の記憶のお話
僕の初めての霊体験。テレビの中だけの話と思っていたのに!?
心理的瑕疵物件で聞こえてくる低いうめき声
死の間際のあいさつ回り。自ら実感した祖父の意思
苦悩。じいちゃんの葬儀でのアレコレ
漫画のセリフに救われる。霊媒体質であることの苦悩

第3章 えっ守護霊？ ～お叱りに現れた僕たちの守護霊様～

守護霊様登場！　わっちがおぬしを守っているのだぞ
守護霊様の井戸端会議。できの悪いヤツのお守りは苦労が絶えない
守護霊の道も大変なんです。あの出来事にも理由があった！
なんかうまく事が運ばない。そんなときにあなたの背後で操っている見えざる手
鬼の手に助けられた父の記憶。先祖が人間とは限りません
「なんとなく」が命を救う。勘でハイジャックを回避する
指導霊とは、スーパーサブ。その時々で相応しい専門家が登場するのです
嫌なヤツの指導霊が現れた。「勘弁してよ」と泣きが入ったこんな話

本書の内容は、すべて実体験を基に書かれておりますが、一部脚色されている箇所もございます。

またこれらは、あくまでも個人の体験であり、その真偽を確定するものではございません。

プロローグ

いつもそうだ。不思議な出来事はこの横丁で起きる。

その日、少女は友だちと遊んだあと、珍しくひとりで帰っていた。ランドセルには、おばあちゃんに買ってもらった馬のマスコットがぶら下がっている。歩くリズムに合わせて、馬が揺れていた。

その横丁は、細い道に沿って小さな商店や古い木造アパートが立ち並んでいる。夕方になるとそれらの建物が濃いオレンジ色の光に包まれて、魔法がかかったみたいな街並みになる。

「この横丁、時々ちょっと怖い。だけど、不思議な感じでなんか好き」。彼女はそう思っていた。

ふと顔を上げると、夕日の中に誰かの影が見えた。逆光のため、真っ黒なシルエットだ。近づいてきたその人は背の高いおじさんで、白いTシャツに膝までの黒い短パンをはいていた。なんだか、シャレたおじさんだ。このあたりでこんな人、見たことない。

おじさんは少女を見て、ふと足を止めた。少女もまた、おじさんを見た。

「知らない人とおしゃべりしてはいけません」と、学校の先生から言われていたのを思い出す。このあいだも、それで叱られたばかりだった。

変なの。世の中、最初は知らない人ばかりなのに。だから、ちゃんと挨拶して「友だち」になるのに。少女は心の中で口をとがらせた。

おじさんはお地蔵さんみたいな優しい顔で、少女を見ていた。

「……こんばんは」と、少女は勇気を出して、声にする。

「こんばんは。君はね、大人になったら、人の心を救うための仕事をするといい。きっとできるから。頑張って」

突然妙なことを言われて、少女は首をかしげた。人の心を救う？

おじさんは、ニッコリ笑うと、

「そのうちわかるよ。だから、辛いことがあっても笑って元気に生きるんだよ。きっと、大丈夫だから」

一方的にそう言うと、おじさんは手に持った透明なカップをちょっと掲げて、去っていってしまった。

……変なの。

そういえば、こないだも似たようなことがあった。

「おまえさん、頑張りな。大人になったら、意外といい人生送ってるから。じゃーね」

そう話しかけてきたお姉さんと出会ったのも、この横丁だった。大人なのか子どもなのかわからない、ショートカットにハットという出で立ちの少年みたいなひとだった。

お姉さんは、少女にそう言うと、やはり笑って去っていった。

あの人たちは、誰だったんだろう。

大人になったら、なんて言うけど、そんな先のことなんて、わかるわけない。それに大人になるって、きっと大変だ。いろんな思いをたくさんしなきゃいけない。

大人になっても友だちできるかな。ちゃんとかわいくなれるかな。勉強は得意じゃないけど、ちゃんと働いたりできるのだろうか。結婚もできるのかな。こないだ、飼ってたハムスターが死んじゃった。あんなに悲しい思いはしたくないけど、大人になったら平気になるのかな。

それから……普通の人に、なれるのかな。大人になれば、「いろんなこと」が平気になったりするのだろうか。

でも、きっと大丈夫だと、あのおじさんは言ってくれた。

頑張りな、ってあのお姉さんも笑ってくれた。
だから、きっと大丈夫なんだ。
そう思うと、悲しいこともちょっと辛いことも、なんてことないと思えた。
そうだ、きっと大丈夫だ。
急いでうちに帰ると、少女は机の中から日記帳を取り出して、今日のことを書いた。

9月30日。晴れ。
今日は学校の帰りに、オシャレなおじさんと会いました。おじさんは、「大きくなったら、人の心を救う仕事をするといいよ」と、教えてくれました。

イラスト	高田真弓
カバーデザイン	渡邊民人（TYPEFACE）
本文デザイン	清水真理子（TYPEFACE）
校正・校閲	小西義之
DTP制作	Office SASAI

第1章

いろいろ目覚めた幼少期

なんまんだー事件

忘れもしない。僕が見えないものを初めて意識したのは、小学3年生のときである。そのきっかけとなった出来事は、母方の祖父母の家で起きた。あれはミーンミン、ジージーとセミが大合唱していた夏のこと。親戚たちが一堂に集って酒盛りをしていた記憶があるから、おそらくお盆だったのだと思う。

祖父母の家は古い日本家屋で、玄関を入ると左手に長い廊下があり、廊下を進むと和室がいくつも並んでいた。遊び盛りの子どもたちが派手なプロレスごっこをしてもまだ余りあるほどの大広間があり、その夜はそこで、久々に顔を合わせた大人たちが上機嫌で酒を酌み交わしていた。そして僕は隙を見てその大広間を抜け出し、奥の仏間にそっと足を踏み入れて、仏壇の前に座った。

子ども心に、「ずっと疑問に思っていたこと」を試してみようと目論んでいたのだ。

僕は撞木《しゅもく》を握り、木魚を叩きはじめた。

「なんまんだーなんまんだー。神様いるならバチ当ててみろー。仏さんいるならバチ当ててみろー。いるわきゃねーだろー、こんにゃろー。幽霊いるなら化けて出てきてみろー。くるわけねーだろ、ばかやろー。なんまんだー、あソレ、なんまんだー」

そんなふざけた念仏を唱えながら、あろうことか服を脱ぎだして、パンツ一丁で仏壇の前で踊り狂ったのだ。そう、僕は神様や幽霊が本当にいるのか、実験してみようと思ったのである。今にして思えば、なんとまあ罰当たりなことをしたのだろうと思う。

実験の結果はすぐに出た。

気がつくと僕は、謎の高熱を出して布団に横たわっていた。びっしょり汗をかいてウンウンうなされながら、「ああ、ごめんなさい。神様も仏様もいます。幽霊も信じます。すべて信じますから許してください。本当にごめんなさい」と、朦朧とする意識の中で、必死に叫んでいる僕がいた。

どのくらいたっただろうか。夜も更け、宴会が終わるころには嘘のように楽になっていたから、ほんの1、2時間のことだったのかもしれない。だけど8歳の僕にはとてつもなく長くて苦しく、それこそ死んでしまうんじゃないかと感じた衝撃的な時間だった。

神様、仏様への願いが通じたのか、すっかり元気な体に戻っていた僕は布団から跳び出ると、真っ先に仏壇の前で手を合わせた。

そして、こう誓ったのだ。

「僕は見えない世界を信じます。神様も仏様も、幽霊も。みんなこの世にいることを、絶対に疑いません！」

心から祈って仏壇の前で頭を下げたのを、昨日のことのように覚えている。

それから僕は一度たりとも見えないものの存在を疑ったことは、ない。

しかし、まさかそれが、これから起きる出会いに備えて、霊界の仕組んだシナリオであったとは、その時は露ほども想像しなかったのである……。

そんな僕の名は、タカ。

これから始まる、僕ら夫婦にまつわる不思議な話に登場する、夫のほうである。

読者の皆さんにちゃんと理解していただくために、まずは僕らの幼少期の話を聞いていただこうと思う。

えっ、なぜかって？

そりゃ、あなた。どんなことにも準備というものがあるのだ。ほら、電話を発明したグラハム・ベルも、こう言っている。

「何はさておいても、準備こそが成功の鍵である」と。

そして実はこのシステム、現実社会でも見えない世界でも一緒なのだ。いや、むしろ見えない世界のほうがそういうステップを大切にしているような気がする。神様とか仏様とか、それから妖怪とか幽霊とかも。「あちらの方々」のほうが、ちゃんと準備しながら物事を進めてくる。

僕の仏壇前の踊りも、きっとそういう方々に誘導されたに違いない。なぜならここだけの話、最初にアレをやろうって言いだしたのは、僕の弟だったのだから。

例えば見えない存在は何か伝えたいことがあると、ちゃっかり周りの人間の口を使ってメッセージをよこしたり、ときには誘導したりする。

とにもかくにも、まんまとそれに乗せられて、見えない世界を疑わない少年が、ここにひとりできあがったのである。

そんな感じで僕と、のちに妻となるワカが、幼いころから見えない世界の住人たちに、手のひらの上でコロコロと転がされている様子から話し始めたいと思う。

死ぬ人がわかってしまう少女

で、その妻のワカだが、彼女は子どものころから不思議な感覚の持ち主だった。具体的に言うと、人にはわからないことがわかるとか、見えないものが見える、という感覚。

皆さんの周りにもいないだろうか？　「子どものころはいろんなものが見えた」とか、「子どものときには聞こえた」とか、だけど大人になるにつれて見えなくなってしまったという人が。

ワカもその類いで、不思議といろんなことがわかる子だった。違うのは、大人になった今でも見えるし、わかるということ。

ちなみに、ワカの両親に聞いたところによると、赤ん坊のときの彼女はトンネルが大好きで、真っ暗なトンネルに入ると「キャッキャ」とはしゃいでいたそうだ。うーん、一体何を見ていたのか、謎である。

さて、そんな感じで見えたり聞こえたり、そしてわかったりするのはいいとして、問題は「みんなも自分と同じ」と思っていることだった。つまり、他の人も見えていると思っていたのである。大人になるにつれてそうではないと気づいたときの衝撃がどれほどのものだったか、見えない僕には想像もつかない。ただ、それに気づくきっかけが早めに訪れて助かったと、彼女は言う。そのきっかけとは、ご近所さんの死だった。

友だちと遊んでいるときに、ワカはふと脳裏に浮かんだことを口にした。

「お豆腐屋のおばちゃん、死んじゃう」

それを聞いた周りは、さぞかしおったまげただろう。もちろん大人たちからは「そういうことは言っちゃダメ」と、叱られてしまった。

だけど、その豆腐屋のおばちゃんが、数日後に本当に亡くなってしまったから、さあ大変。その時の大人たちの驚きと、周りの人たちの何か怖いものを見るような視線は今でも覚えているそうだ。

そのとき初めて彼女は、「なるほど、みんなにはわからないのか」と、気づいた。

そして同時に、「わかっても口にしてはいけないんだな」ということを、子ども心に学ぶわけである。

しかし、類は友を呼ぶとはよくいうもの。今になって考えると、僕たちの周りにはそういう人たちとの縁がたくさん転がっていて、同じような経験をしている人がたくさん現れた。

ある人は、「僕、子どものころには、他人の心がわかったんだ」と教えてくれた。

やはり彼も子どものころは、当然みんなもわかるものと思っていたそうだ。だから心は清くなければいけないと信じていた。だって、心の中が相手に伝わるので、口先だけの嘘なんてすぐにバレてしまうから。

それが大人になるにつれて、「人は自分と同じじゃない」ことを知ってからは、余計なことを言うのをやめたそうだ。

ちなみにその人は、今はもうその力がないようで、

「いつのまにか、僕も嘘をつくようになったからかな?」

と、笑う。

そんな不思議な力の持ち主は、案外身近にいるのかもしれない。いや、きっといる。特に子どもには要注意だ。もしかしたら、心の中を見透かされているかもしれない。

そして、そんな話をしていると、ワカがこんなことを言うのだ。

「子どものときはけっこう見えるのよ。だけど大人になるにつれて、みんな見えなくなっていく……ってことは、私は子どものまんまってこと? 背も伸びなかったし、どーゆーことだ!?」

オーマイガーッ! と、ひとり嘆いている。

ま、そこは追及しないでおこう。なぜなら、この物語が生まれた理由もそこにあると思うから。

初めての恐怖体験。だから今でもホラー映画は嫌いです

そんなワカが初めて恐ろしい体験をしたのは、小学校に上がったころだった。

この部分は僕の「なんまんだー事件」と同様、臨場感あふれる再現ドラマ風にお楽しみいただければと思う。


いつものように布団に入ると、蛍光灯から長くたらした紐に手をかけた。寝ながら明かりを消せるようにと、おばあちゃんが紐をたらしてくれて、その先には小さな馬の飾りがついていた。その理由はわからなかったけど「お馬はあんたを守ってくれるからね」と、優しい声で教えてくれたのだ。

紐を引くと、プツッと部屋の明かりが消える。ボワッとしたオレンジ色の豆電球が、夕日みたいな色に部屋を染める。寝つきが悪い彼女はしばらくゴロゴロする。そのうちようやくウトウトしてくるのが、いつものパターンだ。その夜もやっと眠りについたと思ったときだった。

オギャー、オギャーという声で、目が覚めた。

家の中から聞こえてくる、赤ちゃんの泣き声。

「ん？　赤ちゃん？　うちに赤ちゃんなんていない」

不思議に思ったワカが、障子のほうへ顔を向けようとした瞬間、体全体を押さえつけられたように動けなくなったのだ。

「な、なになに？　こわいよー！」

今でこそ金縛りについて知っているけれど、そのときは初めての出来事で、ワカはパニックに陥った。なんせまだ小学校に入ったばかりの子どもである。あたりまえだ。頭は冴えているけど体は少しも動かない。自分はどうなってしまうのかと、恐怖しかなかった。

そして、その赤ちゃんの泣き声が少しずつ近づいてくる。

ダラダラと流れる冷や汗が目に沁みた。なんとか手足を動かそうと、必死に力を入れる。声を出そうとするが、口がまったく開かない。

その日は満月だった。目線だけは動かせたので、窓のほうを見ると、障子の向こうが妙に明るかった。そしてそこには、小さな人影が映っていた。

その後のことは、ギュッと目をつむったまま眠りに落ちてしまったのでわからない。だけど、あの夜の光景ははっきり覚えているという。

そして今でもワカは、霊界のことを理解しているにもかかわらず、とにかく怖がりだ。

高校のとき、友だちに誘われて遊園地のお化け屋敷に行ったこともあったようだけど、あまりの恐怖に腰をぬかして進めなくなってしまい、お化け役の人たちに背負われて出口まで運ばれた逸話を持つほどである（ごめん、お化け屋敷の人）。

そんなことを言うと、

「え、本物が見えるのに？」

「幽霊の声とかが聞こえるのに？」

って、絶対に聞かれそうだけど、本人いわく、

「何言ってんのよ。本物の霊のほうがきれいで怖くないんだってば」だそう。

特にお墓に現れる霊なんてみんな供養されてるから、おどろおどろしい霊はめったに現れない。

そもそも幽霊って怖いイメージがあるけど、悪さをするのは少数だ。

例えば人間社会に置き換えると、みなさんはバスとか電車に乗るだろうが、そこで乗り合わせる人たちは知らない人ばかりだろう。それでも怖く感じないのは、ほとんどの人は他人に危害を加えないことを、知ってるからである。

それは幽霊も同じ。だから普通にそのあたりにいてもおかしくないし、いたとしても悪いことなんか起きない。でも、世の伝え方で、やっぱり霊って恐ろしいイメージなのかなあ、と思ってしまう。まあ、仕方ないけれど。

今なら、幼少期に体験した金縛りの原因もわかるらしい。

あの出来事は、霊道と呼ばれる霊体の通り道だっただけのこと。たまたまそこを赤ちゃんの魂が通っていった。それにワカが気づいてしまい、何も知らない彼女は悲鳴を上げるほど驚いた。で、恐怖が勝って、体が動かなくなった。

それが今でも「あの時はすごく怖かった」という思いだけは残っていて、それ以降、ワカはホラー映画が大嫌いなのだ。

ホラー映画は意図的に脅かそうとしているから、エンターテインメントなのだそう。怖がらせようとしているから、それは怖がりたい人が観ればいいと。

「私はわざわざ怖い思いをしたくないんだよ、ブルブルブル」だそうだ。

庭で出会った鬼の親子

そのけったいな存在を目にしたのは、雨がシトシト降る梅雨の季節だった。

当時、彼女が住んでいたのは古い木造家屋で、小さな縁側と薄紫のアジサイが咲く庭と、そして、彼女用に作られた小さな砂場があった。

　梅雨の晴れ間のその日、幼きワカは砂場に山を作っては、それに攻撃を加えて崩すという雄々しい遊びに、夢中になっていた。ここでなんとなく、ワカの性分を理解していただけたら、今後いろいろ説明する手間が省けてとても助かる。

「ヤーッ」と見事な飛び蹴りを決めて砂山を破壊すると、彼女はそれを見下ろして、満足げに息をついた。そしてすぐにまた両手で砂を集めていると、それを笑って見ていたおばあちゃんが、

「ワカや、おやつでも食べるかい？　まんじゅうをいただいたからね」

　と声をかけた。まんじゅうが大好きな渋い嗜好のワカ少女は、嬉しそうに「うん」とうなずいて、手の砂をパンパンと払い、庭の水道で手を洗った。そして、何気なくアジサイに目を移したとき……、鮮やかに色づいたアジサイの花が、ガサガサと揺れた。

「？」。不思議に思って目をこらすワカ。すると、そこから誰かが出てきたのである！

しかし、よく見ると人間ではない。目に見える皮膚は紅葉のように赤く、明らかに人間の肌とは違うように見えた。そして額には小さな丸い突起が2つ。おできかとも思ったが、それはまるで角のようだった。

な、なんと、鬼の子どもである！

「……！」

ワカが驚いて固まっていると、その瞬間目が合った。すると、相手もビックリしたのだろう。お互い身動きできず、見つめ合ったまま、時間が過ぎた。

どのくらい経っただろうか。長い時間だったかもしれないし、一瞬の出来事だったのかもしれない。

再び時が動き始めたのは、またしてもアジサイの揺れる音を耳にしてからである。アジサイの花の間から、ニョッキリと大きな手が出てきて、もう一体の鬼が姿を現したのだ。そっちの鬼の肌は、うっすらとした紅色をしていて背は高く、どうやら大人の鬼のようだ。ワカの目には、その2体が親子に見えたそうだ。

親の鬼はワカに気づくと、あたふたと子鬼を抱きかかえ、再びアジサイの中に姿を消した。

我に返ったワカは「お、おばあちゃーん！　大変だよ、鬼がいた！」と叫んだ。しかし、おばあちゃんはお茶とまんじゅうをのせたお盆を手に、のんびりとこう言ったそうだ。

「あらそう。見たの？　で、何人だった？」

ワカはその様子に納得できず、

「本当だってば！　鬼がいたの、アジサイからこうやって！」

と、両手を上下させて必死にアピールするも、おばあちゃんは変わらず、

「それにしても、まあ意外に早く見えちゃったねえ。何もしないからほっておきなさい。けっして傷つけたり、意地悪しちゃあいけませんよ」

そう言って笑い、ワカの顔をじっと見つめたという。まるで、そのうちわかるよ、とでも言い聞かせるように。

もしかすると、こういう能力は家系なのだろうか？

そんなことを感じさせる、おばあちゃんの反応だといえる。真相は今も謎のままなのだが、実は最近になって少しずつ解明されている。

そんな当時のことをワカが振り返りつつ、

「それにしても、あの鬼の親子。自分から人のいるところに出てきておいて、なんであんなにビックリしたのかしらね？　人目を避ければいいのに」

と首をかしげていたが、妻よ、気がつけ。通常の人には、鬼の姿など見えないということに。

だから鬼のほうも、誰にも気づかれないと思って軽い気持ちで出てきたのだろう。

ところが、明らかにワカには自分たちのことが見えている様子なので、「まさかこの娘、見えてるのか⁉　こいつはいかん！　やっべえ！」と、驚いたのだろう。

　ワカには、そのへんのことがわからない。見えること、聞こえること、そしてわかるということが「人とはちょっと違う」という認識が、そもそもなかった。

　そんな子どもだったのである。

どんなことにも反面教師は必要です。同じ「見える女の子」を見て学んだこと

　さて、そんな少女も小学3年生。そのころになると、ワカの不思議な能力に関する噂は広がり、いろいろな相談を受けるようになっていた。

　それも子ども相手というわけではなく、近所のお兄ちゃんや水商売のお姉さん、会社を経営するおっちゃんとか、そういう大人たちから不思議と「話を聞いてほしい」って言われることが多かった。

　これは今も変わらないのだが、彼女はハチャメチャななかにもけっこう誠実さと賢さがあり、そこが大人にも受けたのだろうと思う。実際ワカは自分のわかることや感

じることを誠心誠意伝えて、相手の期待に応えようとした。

そして、ワカからのアドバイスをきっかけにうまくいく人がことのほか多く、みんなから感謝されて嬉しかったらしい。

そんなある日、ワカの前にひとりの女の子が現れた。彼女の名はトキコ。学年はワカよりもちょっと上のお姉さんである。そして彼女もワカと同じく「見えるひと」だった。

「たぶん本物の能力はあったと思うの」と、大人になったワカは言う。実際に話が合うところもあったし、同じものが見えたりもしたと。共通点が多かったからか、そのうち一緒にいることが多くなっていた。周りからは、気の強いお姉ちゃんと余計なことを言わない妹、そんなふうに映っていたようだ。だが、暗雲が立ち込める。一時は仲良く過ごしていたが、そうした関係は長くは続かなかった。

ワカと同じように誰かの相談に乗ることを覚えたトキコ。彼女はみんなから頼られ、ちやほやされるうちに変わっていった。態度が尊大になり、顔つきや表情がどんどん意地悪な感じになっていったのだ。それを見たワカは、「いやだいやだ、ああはなりたくない」と強く思い、少しずつ距離を置くようになった。

そして、ワカが彼女を完全拒否する決定的な出来事が起きたのである。

そのころ、話を聞いて相談に乗ると、大人たちはみんな「ありがとう。これでアイスクリームでも食べてね」と、お小遣いをくれた。その都度ワカは「お金が欲しくてしたんじゃないんだよな」と思って断るが、大人たちは「いいからいいから」と言って、小銭を渡してくれた。

大人にも大人の事情があるんだろうと察した彼女は、素直にありがとうと受け取った。せっかくもらったそのお金はコツコツ貯めて、好きなマンガ本なんかを買うのに使っていた。

ところがトキコは同じことをしても、お小遣いをもらえなかった。何が原因なのかは不明だが、おそらく大人たちは彼女から何かを感じ取っていたのではないだろうか。

そのうちトキコは「もらったお小遣いをよこせ」とワカに言ってきた。おもしろくはないけれど、「まあいいか」と思い、半分を渡していた。

もちろん、当時の子どもがもらう額は大したことはなく、せいぜい百円ほどである。

そして、そんな状況下である事件が起きたのだ。

トキコはある日、ワカにこう言った。

「『私の能力はトキコちゃんのおかげ』と言え」と、命令してきたのである。つまり自分をアピールしろというわけだ。

それがきっかけとなって、ワカはその日から彼女のことを完全に避けるようになった。そして、「世の中には他人を使って自分をよく見せようとする人間がいる」という現実を知って、子どもながらにショックを受けた。

そのためか、ワカは今でも「他人をうまく利用してやろう」という人間を嫌う。

自分が知りたいなら、自分で聞く。

自分がやりたいなら、自分でやる。

自分の意志と行動に、責任を持つ。

そういう人間であることが必要だと学んだ経験だった。それと同時に、

「この能力って、持っている人を生かすの？　殺すの？　どっち？」

常にそう自問するようになった。この一件が、「いろいろわかるからといって決して余計なアピールをしない」という、今の彼女のベースをつくったのかもしれない。

トキコはその後、どうなったかって？　それからはつき合いがなくなってしまったので、わからない。

ただ、ワカが高校生になったころ、街で彼女の姿を一度だけ目にしたことがあった。痩せ細って、背中を丸めて歩く姿に、かつて注目され、大きな態度を取っていた面影

はどこにもなかったという。

彼女は今でも見えるのだろうか？　それとも……。

異次元に迷い込んだ少女①～かくれんぼにはご注意を～

これも彼女が小学生のころのお話。

秋だった。放課後の校庭で、みんなで鬼ごっこをして遊んでいたときのことだ。必死に逃げていたワカだが、足の速い男の子の鬼に捕まってしまった。うーん、残念。次の鬼はワカになった。生粋の負けず嫌いのワカ少女は、しゃがんで息を整える。

「待ってなさいよ、絶対にすぐに捕まえてやるんだから」

と気合いを入れ、地面をポンと叩いて、勢いよく立ち上がった……。

その瞬間。

突然、みんながいなくなったのである。あたりは物音ひとつせず、静まり返っていた。まるでテレビのスイッチが突然切られたように、すべての音が消え、みんなが投げ出したランドセルや習字道具が、大きな銀杏の木の下で夕日に照らされていた。まるで突然、人間だけがその世界から消えてしまったようだった。

「!?」

ワカは訳がわからず、周りを見回したけど、そこには誰もいない校庭だけが広がっていた。戸惑い、そして怖くなり、「おーい！　おーい！　みんなどこ？　どこにいったの？」と叫んだが、その声は傾いた夕日に吸収されるかのように、消えていくばかり。まるで、世界にひとり取り残された気持ちになり、焦りばかりが募った。

そこには、夕日で不気味なくらいに長く伸びた自分の影だけが、校庭に映っていた。

「ワカちゃん、どうしたの？」

背後から声が聞こえてハッと振り向くと、みんながワカを囲んで心配そうな目つきで見ていた。気づけば、音も戻っていた。道路を走る車の音や、ザワザワと揺れる木々、下校時刻を知らせるノスタルジックなチャイムも、ちゃんと聞こえていた。

何があったのかは、正直いまだに謎である。ドラマだったら、「時空が歪んで」とか「あっちの世界」とか、そういう展開になるかもしれない。もしも本当に時空が歪んでいたと考えると、戻ってこられてよかったと、今更ながら怖い思いがする。

この世界には表と裏があって、もしかしたら何かの拍子に、その裏側の世界に迷い込んでしまうのかもしれないって考えると、ドキドキしないだろうか。

だけど……。

ここまでじゃないにしろ、同様の経験をしている人は意外に多いのだ。

あれ？　気がつけばもうこんな時間。

いつの間にか、目的地に着いていた。

えっ、いつの間にこんなことがあったの？

そんな、「ボーッとしてた」「気がつかなかった」で済ませていたことが、意外と時空の歪みに入り込んだ瞬間だった、とか。

往々にして、こういう出来事って気づかないものなのだ。あるいは、「気のせい」で片づけてしまったりして、ね。

異次元に迷い込んだ少女②～あのお姉さんはいずこへ？～

異次元に迷い込むという話をしたので、似たようなことをもうひとつ。これは、ちょっとしたミステリー。

ワカが住む家の近所に、ひとり暮らしのお姉さんがいた。

学生が住んでいる長屋、たぶん当時は珍しくない下宿みたいな場所だったと推察される。名前は「しもかわゆうこ」。当時のワカからはずいぶん年上に見えたけど、子どものころの印象だから20歳くらいだったのかもしれない。

そのお姉さんには、よく遊んでもらったそうで、部屋の中にも入れてもらって、学校の友だちの話をしたりしていた。

ところが、そのゆうこさん、なぜかいつも押し入れに入る癖があった。話が終わると「じゃあね」と押し入れに……。その後で、ワカが部屋を出る約束だったらしい。いつも長いスカートをはいていて、きれいで優しい人だったけど、押し入れの件だけはちょっと怖いなあ、と思っていた。

そんなある日、ゆうこさんと手をつないだときに、突然、猛烈に寂しくなった。手を離したくなくなり、「おねえちゃん、遠くに行かないで！」と、泣きじゃくった。なぜそんな気持ちになったのかはわからなかったけど、その時、ゆうこさんはとても困ったように笑っていた。

そしてその日を境に、彼女の姿をぱったり見なくなった。

不思議に思って、ゆうこさんと一緒に遊んだ同級生や、近所の人に聞いて回ったけれど、みんなは「え？　そんな人知らないよ」と言う。「ワカちゃん、何言ってるの？寝ぼけてたんじゃない？」とも……。しかも、一緒に遊んだはずの同級生までもが「そんな人と遊んだことはない」と言うのだ。

おかしい。

誰も覚えてないなんて。覚えてないというより、最初からそんな人はいない話になっている。どうして。

聞いた相手が大人なら「関わり合いたくなくて知らないふりをした」ということがあるかもしれないけど、一緒に遊んでいた友だちまでもが、「そんな人知らないよ」って言ってたのがいまだに不思議でしょうがない。

そして解せないのが、彼女が住んでいた長屋が、その後ですぐに解体されてしまったことだ。他にも学生たちが住んでいたはずなのに、彼らが引っ越した気配もないまま、驚くほどスピーディーにぶっ壊されてしまった。残ったのは、寒々しい歪な更地だった。

あの長屋には、本当に人が住んでいたのか？

いやいや、いやいやいやいや、そうに決まってるじゃないか。だけど、本当に人間だったのか？

もしかしたら、この世のものじゃなかったりして？

ゆ、幽霊？　よ、妖怪？　そうなのかもしれないし、違うのかもしれない。ああ、だけど想像は尽きることがない。

もしかしたら、やっぱりその瞬間だけ別世界に迷い込んでいたのかもしれないじゃないか。

しかし、押し入れに帰っていくって……。まさか、藤子・F・不二雄先生もこんな不思議な体験をして、それでドラえもんを押し入れに入れたのか？　そんなファンタジーな想像までしてしまう僕がいる。

あれは天国？　おばあちゃんとの折り紙のこと

それは彼女が初めて体験する悲しい出来事から始まった。大切な人の「死」である。

ワカが中学2年のときの、寒い冬の日。

大好きなおばあちゃんが入院してから1カ月になろうとするころだった。その日、ワカは何かに引き留められるような気がして学校を休み、家にいた。外は雪が降っており、表通りを車が通るたび、タイヤに巻かれたチェーンの音がシャンシャン響く。

ワカは胸の奥にざわめきを感じながら、畳に寝転がり天井を眺めていた。その時、電話のベルが鳴った。

と同時に、それが何の電話であるのかもわかった。

「ああ、とうとうこの時がきてしまった」。

突き上げる悲しみと同時に、不思議と冷静な自分。

思えばそれまで毎日、おばあちゃんのお見舞いに行っていたのに、この1週間は行ってなかった。病院は通学路の途中にある。だけど、学校帰りには病院のそばを通りたくなくて、わざと遠回りをした。おばあちゃんの死が近づいていることを、認めたくなくて。

ワカは現実から逃げていた。愛する存在の「死」というものを恐れていたからだ。何かを失うことを認めたくなくて、肝心なときには逃げてしまっていたというのだ。かわいがっていたウサギやハムスターが死んだときも、亡骸は見られなかった。悲しすぎて、自分の心まで壊れてしまうから。

どうしてみんなは平気なのかが不思議だった。もちろん、みんなも平気なわけではないのだが、少女だったワカにはそれがまだわからなかった。

お通夜のとき、おばあちゃんの遺影を見ながら彼女は最後に会ったときのことを思い出していた。最後に交わしたひと言は、「バイバイ」だった。いつもは、「また来るね」と、言ってたのに……。

なぜだろう？　あれは予感だったんだろうか。そう思った瞬間、涙が止まらなくなった。

小さいころ、母親が大病を患い入院していたので、ワカはおばあちゃんっ子だった。親類たちからは、後追いしてしまうのでは、と心配されたほどだから、彼女がどんなにおばあちゃんっ子だったかは、想像に難くない。

さて。その出来事が起きたのは、おばあちゃんが亡くなって間もなくのことである。

死んだ祖母が恋しくて、こっそり泣いていたワカ。ある夜、おばあちゃんに会いたくて会いたくてどうしようもないとき、おばあちゃんと会った夢を見た。

「あ、おばあちゃん！　おばあちゃーん！」

と、ワカが駆け寄っていくと、おばあちゃんはギョッとして目を剥いた。そして、

「ワカ！　あんた、なんでここに来たの⁉　今すぐに帰りなさい！　早く！」

と、それはすごい剣幕で叱られたらしい。

しかしだ。傍にいたおじいさん（もしかしたらワカのおじいちゃんだったのかもしれないが、祖父はワカが生まれる前に死んでいるので、会ったことはない）が、

「まあ、ちょっとくらいなら大丈夫だ。時間を守ればそうそう問題はない」

と、おばあちゃんをなだめてくれて、少しの時間そこにいられることになった。

その時、おばあちゃんは折り紙で器用に何かを折っていた。ワカはそれを手伝おうとしたが、そもそも折り紙が苦手な彼女は、紙で指先を切ってしまった。

「あんたは相変わらず、不器用だねえ」

そう言っておばあちゃんは笑っていた。そして、

「さあ、本当にそろそろお帰り。じゃないと、とんでもないことになるからね」

と真剣に言うと、かわいい孫に、もと来た道を戻らせた。

そこでワカはハッと目覚め、「ああ、夢か。そりゃそうだよね」と思ったわけだが、ふと痛みを感じて指に目をやると、なんと指先に血が滲んでいるではないか。そこは夢の中の折り紙で、傷つけた箇所だった。

しかしだ、僕としてはちゃんと戻ってきてくれて本当に良かった！

もしかすると、世の中では死んだ人を思いすぎて「気づいたらあの世に行っちゃったまま帰らない」（つまり死んじゃうということ）というケースも、あるかもしれないと真面目に思うのだ。

故人への思いや、自分自身の念が強い人は、特に気をつけたほうがいい。

ちなみにだけど、今回のケースは「死んだ人に会いたい」という思いだが、故人に対して「どうして死んじゃったの!?」という思いが強すぎる場合は、故人が天国にいくのを引き留めてしまうことにもなりかねないので注意が必要だ。

亡くなった魂は、ちゃんといくべきところにいくのがいちばんなのだから。

ワカを騙そうとした人たち。霊感商法にご用心

こんな感じで、幼少期からまあいろいろあった我が妻。

その後は普通に高校を卒業して、一度は進学したものの、ワケあって働き始める。仕事に追われるなかで友だちと遊んだり、はやりのアーティストに夢中になったり、それなりに恋もして、いずれ自分に訪れるであろういろんな未来を思い描くようになっていた。

つまり、いろいろあってもとりあえずは、若者としての人生を謳歌していたわけだ。

その時にこんな興味深い体験もしている。いわゆる「霊感商法」というやつである。

思いっきりリアルな話で心苦しいけど、けっこうある話だと思う。「悪い霊が憑いている」とか、「お祓いをしないと悪いことが起こる」とか言って、高いお金を請求したり、壺を買わせたりというやつだ。

そんな人たちが、よりによってワカに近づいてきたのである。もちろん、彼女の能力のことなんか知らずに。

ワカは二十歳になっていた。そのころ、ライターとして地元タウン誌のグルメ記事を書いていた彼女は、取材の合間に公園のベンチでひと休みしていた。すると、若い

男性に声をかけられた。どうやら道を教えてほしいらしく、ワカは持っていた缶コーヒーを横に置き、差し出された地図を覗き込んだ。

「ふんふん、あそこね」

と、説明しようとしたとき、

「せんぱーい。わかりましたか？」

と、男性の後ろから４人の学生風の男女がやってくる。先輩と呼ばれた彼は、

「こちらの人が親切に教えてくれるって」

と、ワカを紹介する。どうやらこの人たち、お仲間のようだ。

ここでワカの本能、「ヤバ人間センサー」が働いた。

「おや？　アヤシイ匂い。もしや、これはなにかの勧誘では？」と察知。

彼女は霊感だけでなく、人間社会においても危険を察知する能力を持ち合わせていた。まさに野性の勘である。しかし、それを気取られないよう自然に振る舞うことにした。

ぱぱっと説明を終え、

「近くに行けばすぐにわかると思いますよ、それじゃ」

と言って立ち去ろうとすると、その中のひとりの女性が、恐る恐る声をかけてくる。

「あ、あの……ちょっと、いいですか?」

すかさず、目の前の男性が、

「あ……もしかして、またですか?」

と調子を合わせてきた。ここで、ますます確信したワカ。

あらまぁ、ずいぶん古い手口できたわね。でもまあ、ちょっと乗ってみるか、暇だし。

そう決めると眉間にシワを寄せ、「え、なんですか?」と、不安そうに聞き返して

みた。

すると、「食いついてきた!」とでも思ったのか、男性は少し迷ったような表情を

した後に、真剣な表情でワカを見やり、

「実は……彼女は、霊とかがわかって」とポツリ。

「で、サエさん、何が見えたんです?」と、その男性は話を振る。

サエさんと呼ばれたその女性は、ワカの後方を指差しながら、

「すごく言いにくいんですけど……あなたの後ろに、何かがいます」

「ええー、怖い!! 一体、何がいるんですか?」

と慌ててみせるワカ。そしてすがるように、

「どうしよう、私、一体どうすればいいんだろう」

　と、嘆いてみせたのである。

　するとサエさん、手のひらを胸の前で合わせて、

「大丈夫ですよ。こうして胸に手を当て、『○○様、ありがとうございます』と強く念じてください」

　と、穏やかに言う。

「わかりました。○○様、ありがとうございます」

　ワカは素直に従った。するとと、彼らは矢継ぎ早に話しかけてくる。

「どうですか？　体が軽くなった気がしませんか？」

「胸のあたりが、ほんのり温まったような気がしませんか？」

　と。

　５人に取り囲まれてこう言われれば、大抵の人は押されて「なんかそんな気がします」とか言っちゃうんだろうな、とワカは冷静であった。しかし、遊びはここまでだ。

　この方々、なんせ絡んだ相手が悪かった。

「なんとなくそんな気もするけど……う〜ん」

　と、曖昧な言葉を繰り返す若かりし日の妻。さあ、どう出るんだ？　５人組。

すると彼らは、

「あなたは普通の方ではないです。選ばれし人に違いない！　詳しいお話をしたいので、どうぞご一緒にこちらへ」と、目の前のビルを促してきた。

『おーい、道はどうなったの？』と思いつつも、ちょっとした興味から、最後までつき合っちゃるわ、とワカはノコノコついていった。

商業ビル、警備員在中、非常口確認。オーケーオーケー、何かあっても問題なく脱出できそうだと抜かりなくチェック。いつでもダッシュできるようにアキレス腱まで伸ばす始末。

何かの事務所のような部屋に通され、お茶を出されたが、もちろん口をつけない。部屋には恭《うやうや》しい掛け軸が飾られていたけれど、簡素で無機質な印象だった。

どこかの宗教団体か？

それとも怪しい霊感商法か？

彼らは相変わらずしつこく、

「こうしていると、体が軽くなって幸せな気持ちになりませんか？」

「ふわっと体が浮くような感覚がありませんか？」

と聞いてくる。バカ言ってんじゃないよ、とは心の声、淡々としたモノローグ。

しかし、いつまでたってものらりくらりのワカに、やがて相手も「こいつはダメだ」と思ったのだろう。だんだんシラケた空気になっていき、ワカも「ああ、この微妙な空気、耐えられない。いい加減本題に入ってくれないかなあ。私は目的が知りたいの。壺？　印鑑？　それとも宗教の勧誘？　気になる！」と思うが、結局、相手は本題を切り出してこなかった。

「あの、じゃあ私はそろそろ……」と、ついに腰を上げたワカ。だけど、そのまま帰るのもおもしろくなかったので、自分の思いを言ったのである。

「ちなみに私もちょっとだけ……見えるんですよ」

「！」

場の空気が一変した。

ワカはひとりの男を指差すと、

「お兄さんの後ろに影が見えますから、気をつけてください。最近、肩のあたりが重いでしょ？」

男は肩のあたりを押さえて顔色を変える。

次に、ワカは隣の女に視線を向け、

「あ。お姉さんは右足に気をつけて。昔、ケガしたところをまたやっちゃうかも。念のため、塩を振って祓うといいですよ」

彼女は「えっ」と右足を見つめて驚きの目を向けた。残りのメンバーも身動きひとつしなかった。

出口に向かったワカは、もう一度振り返ると、ニッと笑って部屋を出た。

なんとまあ、恐ろしい。

そんな出来事があったのよと、教えてもらったあのビルは、東日本大震災後に取り壊されて、今はもうない。〇〇様は守ってくれなかったんだろうか。

ちなみにこれは余談。ワカをずっと守ってくれている〝とあるお方〟はその時、

「おおっ、おぬしらには我が見えるのか？　気づいてくれて嬉しいがね！　こいつ（ワカ）は自分を守っている我のことだけは、いつまでたっても気づいてくれんというのに」

と、ワカの後ろで狂喜乱舞していたとか。

いやいや、彼らには見えてなかったと思う。〝とあるお方〟のことは。

え？　ワカさんはいろんなことがわかるのに、どうして〝とあるお方〟のことには気づかなかったのかって？　実は、そこがこれから始まるお話のミソなのだ。

これは今でこそ理解しているので言えることだが、単に「見える」とか「聞こえ

る」といっても、何が見えてるか、聞こえてるかは千差万別なのである。

例えば、一般的に浮遊霊とか地縛霊といわれる、この世に未練を残して留まっている存在は、低級霊といわれるものでレベルが下で波長も低い。だからちょっと霊感がある人に見えるのはこういう存在が多い。

そこから修行や経験を積むことで自分の波長を上げ、ようやく高級霊と言われるような存在、例えば守護霊様とか、極端にいえば神様みたいな存在の声も聞こえるようになるというわけだ。

おや？　ここまで読んで、お気づきの方もいるんじゃないだろうか。

気がついたあなたは、スルドイ！

そう。この時点でのワカは、まだまだ格の高いものを見たり聞いたりすることはできなかったのだ。つまりめっちゃ未熟だから、この声の主のことを知るのも、それからずーっと後のことになる。

そんな事情なもんだから、「あそこの神様がこうおっしゃってる」とか「あの神様が私を、あなたを、呼んでいる」とか、妙に軽々しく言う人たちに「ホントかい？」って思っちゃう僕がいる。

だって、そこに達するまでは、本当にいばらの道だったから。

見えないのに、聞こえないのに、なぜか大好きだった「見えない世界」

とまあ前置きがとっても長くなったが、お話の都合上ご勘弁いただきたい。

いよいよ僕たちの出会いの物語が始まるわけだが、その前に僕のことも軽くお話しさせてほしい。

こんな偉そうに語ってる僕だけど、実はいまだに見えないし、聞こえない。だから物語の中の見えない存在たちとの会話は、すべてワカを介してのものと解釈していただければありがたい。

「それなら、あんたは必要なくない？」なんて言わないでほしい、うん、悲しいから。

それに、こんな僕にも、ひとつ大事な役目があるのだ。

ワカには見えるし、聞こえるけれど、その意味がまったくわかっていなかった。いや、むしろ「こんな厄介な能力はすべて気のせいだ！」と決めつけようとするほどで、「こんな能力なけりゃいい！　ちくしょうめ！」と、むしろ苦しんでいたのである。

だから、先述したような修行とか経験を積むなんてこともなかったし、積みようもなかった。

ところが、だ。僕は、祖父母の家での「なんまんだー事件」以来、見えないものへの興味が異常に高まっていた。そして僕は生粋の理系人間だったから、どんなことでも理由や理屈を知りたくて、徹底的にその手の本を読み漁った。大学を卒業するころには、押し入れにその類いの本が山のように積み上げられていて、自分でも呆れた。

そんなふうに、「見えるけど意味がわからず、むしろ信じたくない」というワカと、「何も見えないけど、見えない世界に興味津々でいっぱい勉強していた」タカが出会ったことで、彼女の能力が開花する下地が出来上がったということなんだと思う。

つまり、祖父母の家での出来事もみんな、ワカと出会うための準備だったというわけだ。

第2章

出会いと結婚と、そして見えない世界への入り口へ

「私、小野寺君と結婚するんだって」が現実となった

「お母さん。私、小野寺君と結婚するんだって」

ワカがそう言ったのは7歳のときのこと。とはいえ本人は覚えていない。

しかし、ワカの母はそれを鮮明に覚えていて、年ごろになった娘に好きな人ができるたびに「その人の名字は？」と聞き、そしてそのたびに「その人じゃないわ」と言っていた。当時のことをきれいさっぱり忘れていたワカは意味がわからず、「なんでお母さんは相手の名字にこだわるの？」と首をひねるばかりだった。

じゃあ、どうしてワカの母はそのことを覚えていたのか？　「小野寺君との結婚」発言を聞いたのは、ワカの母親が大病を患っていてやっと退院したばかりのころだった。だから、ようやく一緒に暮らせる愛しい娘が発する言葉を、まるで宝物のように胸に刻み込んでいたのだと思う。

さらにおもしろいのは、その時の僕は小野寺姓ではなかったという点だ。

もともと僕は鈴木姓だった。跡取りのいない母方の家を継ぐために、大学卒業と同時に小野寺姓に変わったのだ。ちなみに余談だが、僕のペンネーム「小野寺《おのでら》Ｓ《えす》一貴《かずたか》」のＳは、僕の旧姓鈴木のＳである。そんな僕にも不思議な話がひとつある。

ちょうどワカの結婚発言と同じころに、まだ鈴木君だった僕は母方の祖父母の家で、「おじいちゃん、おばあちゃん。この家は僕が継いであげるよ！」と、言っていたそうだ。それからというもの、祖父母は常々「この家はタカが継いでくれるから安心だ」と、周りに言っては喜んでいたという。当の本人は、そんな発言などすっかり忘れていたというのに。

不思議ではないだろうか。

ワカは、その時には存在しない「小野寺君」との結婚を予言し、片や僕は、自ら「小野寺姓になる」という選択をしていた。しかも同じ幼少期に、だ。

そんな数奇な男女が出会ったのは、ふたりが20代のころ。まだ雪が残る3月の仙台。ふたりが信号待ちをしているときのことだった。

ワカによれば、信号の向こうに僕を見つけた瞬間、なにやら光って見えたという。だけど、その時点では光って見える理由はわからず、声をかけることなんて考えてもいなかった。だが、すれ違う瞬間に見事に転んだ。そう、凍った雪道で滑ったのである！　バッグの中身が派手に道路に散らばり、彼女は「いてて」と顔をしかめた。目の前にいた僕は、とっさに手を差し伸べて、「大丈夫ですか？」と、彼女を立たせた。

うーん……今、思い出してもビックリするようなファーストコンタクトである。今どきテレビドラマでも、こんなベタな展開はないだろう。現実ではこんな場合、ひと通り無事を確認した後、何ごともなかったようにそれぞれがまた人の波に消えていくのが普通だろう。

しかし、僕は次の瞬間、この女性からとんでもない台詞を聞くことになった！

「助けてくださってありがとうございます。そして、突然すみません。どうやら、あなたは私と結婚する人のようです……」

心の中では、『私、なんでこんなこと言ってるんだ？　そもそもこの人、全然タイプじゃないんだけど！』と思っていて、なぜあんなことを言ったのかは、いまだにわからないらしい。

そして、僕もなぜか「あ、そうですか」と答えていた。うそー？と思うが、ホントである。

普通なら怪しむところだが、僕は一体なぜサクッと受け入れたのだろう？　これも「上の方」の差し金なんだろうか？

とにもかくにも、僕らは目の前にあるコーヒーショップに入り、ほんのわずかな時間お茶をした。これは別に、一風変わったナンパに興味を持ったということではない。

そして不思議なことだが、そんな自分にまったく違和感を覚えなかったのだ。数分前までは知らない人だったのに、まるで長年のつき合いのように普通に話をしている僕たちがいた。コーヒーを飲み終えると、僕らは連絡先を交換して別れた。

そして数日後には再会し、なぜか早々にお互いの家族のことを詳しく話していた。恋に落ちたというわけでもなく、運命を感じたのともちょっと違う。ただ「不思議と落ち着いていて、そしてワクワクしておもしろい」感覚があった。

そんな感じですぐに交際がスタート。まあ、信じられないエピソードだが、これがホントのお話だ。

いつか見た光景。過去の魂の記憶のお話

そんなこんなで出会ってから2カ月後。5月の連休に、ワカを連れて僕の故郷に帰省した。つき合ってまだ2カ月の彼女を実家に連れてくってのもどうなのか?と、今になれば思うけど、その時は深く考えていなかった。またワカも「行こう行こう、タカの家族に会いたいし!」と、なんというか、そんな軽いノリだった。

僕の実家は小高い丘の上に建っていて、門に向かって真っすぐ坂を上っていく格好になる。両脇は小さな畑になっていて、その周りを竹藪が囲っている。その日、ふたりでその坂を上っていたときのこと。彼女がこう言った。

「あれ？　私、この坂を上ったことがあるような……」

「え？」

僕は驚いた。いつ？　どこで？　なんで？

「ここから先、昔はこんな道だったと思うんだけど……」

彼女の脳裏に、何かの景色が広がっているらしい。

目を閉じてその情景を教えてくれた。


まだ舗装されていないデコボコの土の坂道を上っているワカ。なんだろう？　私、お坊さんみたいな格好をしている。足を踏み出すたびに、ジャリジャリと音がする。時おり、チリーン、チリーンと鈴の音が響き、人々のすすり泣く声がかすかに耳元に届いた。

これは誰かの葬儀のようだ。そしてそれを仕切っているのが私……え？　私？　なんで？

ああ、何かを思い出しそうで思い出せない。なんで、私が今ここに？

「実は小野寺家は、すごく古い家でね。たくさんのご先祖様がここに弔われているんだ」と、僕が知ってることを話した瞬間、ワカの頭の中で記憶のかけらがカラリと音を立てた。

そうだ、お墓だ。この先にお墓がある。まさか、私はここに来るべくして来たのか？

もしかしたらその昔、はるか前世で小野寺家の魂を弔う役目を担い、この坂を上って訪れたのかもしれない。そんな記憶が魂に残っていたとしたら……。

そこで初めて、ワカは僕と出会った理由をちゃんと考えるようになったという。

「初めてなのに懐かしく感じる場所」

「どこかで見たことのある光景」

これは多くの人が経験あることではないだろうか。

一般に「デジャヴ」といわれる出来事や場所には、こんな過去世の記憶が関係していることが多い。

もちろん過去世の証拠なんてないけれど、絶対にありえないとも言い切れないのではないか。

それに、魂に刻み込まれた記憶と考えるほうが、なんだかロマンティックな感じもする。だから僕は、素直にそう信じている。

そしてそれを証明するかのように、僕と彼女が結婚してからは、小野寺家では先祖供養をますます丁寧に行うようになった。まさに墓守役だ。

長いときを経て、また同じ役目を担うことになったということなのだろう。

僕の初めての霊体験。テレビの中だけの話と思っていたのに⁉

僕たちの交際は順調に進んだ。2度目に気仙沼を訪れたのは夏真っ盛りの8月、「気仙沼みなとまつり」のときだった。

僕にとっては毎年恒例のイベントで、子どものころに、「お祭りだから特別よ」と、母からもらったお小遣いを握りしめて、広い岸壁沿いに並ぶ出店に繰り出したのを思い出す。

ワカの住む仙台では、東北三大祭りとも称される「仙台七夕まつり」が有名だが、「仙台七夕まつり」はいかんせん静かな祭りなのだ。祭りとはこういったものと思われてはもったいないと、僕は彼女を活気あふれる「気仙沼みなとまつり」に連れていった。

やはりワカは動きのある祭りは経験がないようで、みんなが「一緒に踊ろう!」の掛け声で踊りまくる「はまらんや音頭」や、打ちばやしの大競演、そして青森の「ねぶた祭」を彷彿とさせる、巨大な立体灯ろうが海の上を巡る「海上うんづら」に、歓喜の声を上げた。

そうそう、キミは威勢のいい祭りのほうが合ってるよ、と僕は心の中で大満足だった。

新鮮な海産物を食べ、酒を飲み、まだ家族ではないけれども、なんだかすでに家族のような感じで、胸が温かかった。

みんなでファイナルの打ち上げ花火を見上げたときは、「来年も再来年も、変わらずにこの花火を見たいな」と、心から思ったものだ。

そんな幸せだった2日間を過ごして仙台へ帰る車中、信号待ちをしているときにワカが声をかけてきた。

「タカ、ちょっといいかな？　大事な話があるんだけど」

「い、いいよ。なに？」

僕はハンドルを握ったまま、ちょっとドキドキして視線を助手席に向けた。祭りの余韻に浸りながら、彼女との会話を楽しむつもりだった。でも、大事な話ってなんだろう。

まさか、結婚？　わ、逆プロポーズか！　やったー！（若かりし日の僕の心の声）。

しかし、彼女の口から出たのは僕が想像もしないものだった！

「お墓に入ってないご先祖様の話なんだけど」

「……は？」

ご、ご先祖様？　お墓に入ってないご先祖様？

「知らない？　いるはずなのよ」

ワカが僕の目をジッと見る。

「えっ、どういうこと？」、僕は戸惑った。

「泊まった離れがあるじゃん？」

「うん」と僕は頷く。

小野寺家には、本家の建物のほかに「離れ」と呼ばれる建物がある。

お客さんに泊まってもらったり、気兼ねなく食事をするために建てたらしいが、実際はじいちゃんの昼寝に使われていたのを覚えている。そして僕も、受験勉強によく使っていた。

祭りの間、僕らはここで過ごしていたのだ。

「昨日も一昨日も、誰か人の気配があったのよ。こう、遠巻きに見ているっていうか、気がついてほしい感じがヒシヒシと伝わってきてさ」

その情景を思い出すように、ワカが眉間にシワを寄せた。

「で、ちょっとだけその姿が見えちゃったんだけど、着物を着た若い女の人だったの。その人、知らない？」

何を言われているのか。理解が追いつかず固まっている僕だったが、ワカはかまわずに話を続けた。顎に手を当て、うーんと唸る。

「そうねえ……大正から昭和にかけての風貌だったな。私たちのおじいさんが若いころって感じで、年は若いわ。20代だと思う」

「そ、それで？」

平静を装いながら、僕はそう声を発した。ハンドルを握る手に滲む汗。夏だというのに、空気が冷たく感じた（しかし、空気がひんやりするのはエアコンが効いていたからだった！　つまり、それくらい動揺していたのだ）。

「何かを訴えるような感じだった。そういう目で、私たちをジッと見つめるのよ。危害を加えてくる感じではなかったから、たぶんタカに関係する人だと思うんだけど」

「なるほど。だから僕のご先祖さまでお墓に入れられてない人って言ったわけか」

「そ。わからなければ仕方ないけど」

「いや、調べよう。ちょっと親父に聞いてみるよ。手がかりがつかめるかもしれないし」

ワカを送り届けた僕は、当時住んでいたアパートに着くなり、ソッコーで父に電話を入れた。

車中での話を説明すると、驚きながらも父は「すぐに調べる」と言ってくれた。

それから数日がたった。仕事を終えてアパートに帰ると、タイミングを見計らったかのように、電話のベルが鳴った。父からである。

「タカ、わかったぞ。ワカちゃんの言うとおりだった！」

勢い込んで父はそう切り出すと、説明を始めた。

父によれば、父方の祖父の妹、つまり父の叔母にあたる女性が、太平洋戦争中に東京のデパートで働いていたこと、そして、東京大空襲で亡くなっていたことが判明したのである。

しかも混乱のさなかで遺骨も見つからず、供養された形跡もなかった。もちろんお墓にも入っていない。そもそも父でさえ、そのことを知らなかったのだ。

祖父の家の押し入れの奥から一枚だけ見つかった写真をワカに見せると、「そう、この人だわ！　よかった、見つかって」と胸をなでおろした。

そしてその後、菩提寺の和尚さんにお願いして戒名をつけてもらい、遺骨の代わりにその写真を埋葬して、無事お墓に入れることができたのである。

それ以降、ワカの前に着物姿の女性は現れなくなった。

これが、僕が初めて目の当たりにした現実的な霊体験だった。

もちろん僕が直接見たわけではないけれど、小さいころから出入りしていた場所でこんなことがあったのだから驚くのは当然だろう。こんな話はテレビや本の中だけだと思っていたから。

だけど今思えば、夜にあの離れでひとり勉強していたときに、妙な視線を感じて怖かったのは覚えている。気にしないようにしていたし、実際に見えたり聞こえたりしたことはないけれど。

もしかしたらその感覚が、その叔母さんからのメッセージだったのかもしれない。

それなのに、いつになっても気づいてくれない僕と比べてワカの存在は、救いの神のように見えただろう。そんな気がしてならない。

それからというもの、両親は何か大事なことを決めるときはワカにアドバイスを求めるようになった。

「この庭の木が大きくなって邪魔だから切ろうと思うんだけど」

「あ〜、ダメダメ。この木は我が家を守ってくれている木だから切らないほうがいいよ。他の方法を考えない？」

「そうか、わかった。そうしよう」

という感じだ。それまでは家のことで判断に迷うと親類で決を採っていたが、それからは、たとえ全員反対でもワカの意見に「そうしよう」となったのだ。

内情を知らない親類からは、やっかいな嫁が来たと思われていたかもな、と正直感じる。

ただ、父はそれから家の中でアリを見つけても「このアリ、おじいちゃんの生まれ変わりだったりしないよな」と変な心配をするようになったとか……。

いや、それはないから（笑）。

心理的瑕疵物件で聞こえてくる低いうめき声

そんな具合だったので、結婚までの道のりに障害はなかった。いや、それどころか両家の親たちはノリノリで、「はやく籍を入れろ」と発破をかけられていた。

こんなにスムーズに進んでいいのか？　と思うほど、見事な進みっぷりだった。

当時の僕の職場は仙台から40キロほど南に行った白石市にあり、僕もそこでアパートを借りてひとり暮らしをしていた。仙台藩主伊達政宗の重臣、片倉小十郎の居城があった古い町だ。

結婚したら、僕は仙台に引っ越そうと決めていた。ワカは白石に来るつもりでいたけど、仙台で生まれ育った彼女があんなに何もない、いや、静かな町で退屈しないわけがない。

それに、素直に僕も仙台暮らしをしたかった。東京の予備校に通っていたことがある僕は、いつか自分でも都会でカッコいい生活が送れるといいなあと、ひそかに夢見ていたから。

だから、仙台で新居を探すことにした。それに、なんていうか、予感じみたものを感じていたのだ。この妻との生活は、一筋縄ではいかないぞとでも言えばいいのか、自分の人生がこれまでになく大きく変わろうとしている、運命が動いている感覚があった。

仙台で新居を探していたときのことである。

不動産屋で案内された部屋で、僕は妙な違和感を覚えた。

そのマンションは立地も良く、値段も手ごろだった。文句のつけようがない物件なのに、なぜかゾワッと鳥肌が立ち、ここから早く立ち去りたいと思った。

とはいえ、その頃はまだ20代の若造。せっかく案内してもらったのだから文句を言うのは申し訳ないと感じて、適当に相槌を打ちながら各部屋を回った。横目でワカを見るが、彼女の顔色は変わらない。僕のこの感覚は、間違っているのだろうか。

あれ？　今、おかしな音がしなかったか？　僕は神経を集中させた。電気器具でも作動しているような、ブォーンという音だった。

低く響くような小さな振動が、部屋の壁や床を通じて聞こえてくるような気がした。奥にあった扉を開くと、そこは風呂場だった。タイル張りできれいに管理されていたけれど、足を踏み入れた瞬間、こんどは妙な寒気が襲ってきたのだ。

うわ、ダメ、僕！　そして、即断した。

「いい物件ですけど、僕には合わないな。ほかのところも見たいので、ここは結構です」

と、体のいい感想を口にすると、部屋を後にした。

部屋を出ると、ワカが小声で、

「やるじゃん、タカ」と、言ってきた。

「や、やっぱり？　今の部屋、マズいよね？」

僕はドキドキして聞く。よかった、やっぱり僕の感覚は間違っていなかったんだ。

「嫌な声が聞こえた。ありゃおそらく事故物件だわ、安いはずだ」

「マジ!?」

なんとなく思っていたとはいえ、彼女に指摘されると僕も怖くなり、ブルッと身を震わせた。一体、何が起きた場所なのか。

そう思いながらも、不動産屋で改めて今見た物件の資料を借りて目を通してみた。特記事項は何もない。当然か。まあ、いい。あそこは借りないんだし。

なにげなく机の隅にあった書類を手に取ったとき、スタッフの声が飛んできた。

「申し訳ありません、そちらはちょっと。内部資料なものですから」

と、慌てた様子だ。

「あ、すみません」と、僕はすぐにそれを閉じて返した。

しかし……僕は見てしまった。

「平成○○年、出火、一人死亡（自殺）」と書かれているのを……。

いわゆる心理的瑕疵物件だったのである。

ワカによれば、部屋に入った瞬間から苦しそうなうめき声が響いていたという。

繰り返すが、僕には見えるとか、聞こえるという能力はない。

だけど、人は誰しも違和感とか直感とか、そういうかたちで必ず何かを感じ取っている。

多くの人がそれを「気のせい」で、片づけているだけなのだ。

実際、僕自身もワカに言われなければ「妙な機械音」で、無理にでも片づけていただろう。だけど、違和感や嫌な気分になることには、必ずなにか意味があるのだと、その時思った。自分の感覚というのを、これからはもっと大事にしていこう。それが自分自身を救うのだ。そう実感した出来事だった。

死の間際のあいさつ回り。自ら実感した祖父の意思

さて、僕らが結婚生活を始めてから、1年とちょっとがたった。入籍直後には、ようやく見つけた、隣近所が和気あいあいの長屋のようなアパートで楽しく生活していたのだが、そのころには、ワカの実家の近所に新しく建ったマンションへ引っ越していた。

というのも、そのマンションの建設が始まったころに、

「おや？　私たちここ買うかも」

と感じて、まだ出来上がってもいないのに（しかも価格もわからないのに！）、銀行に出かけて資金調達の相談をしていたというから、相変わらず僕たちは目に見えない何かに操られていたのかもしれない。

「入院していたじいちゃんが、そろそろ危ないかもしれないから帰ってきてほしい」

と連絡があったのはそんなときだった。

その日は、朝から不思議な体験をしていた。

僕の勤務先は半導体の工場で、僕は設計や製造管理の仕事をしていた。その日も、製造現場でデータを確認した後、自分の部署へと戻る廊下を歩いていた。駐車場沿いの長い廊下は、外からの日差しでとても明るい。なのに突き当たりを曲がると、照度の差で少し暗く感じる。その瞬間、なぜかふわりと線香の香りがしたのだ。

僕は「ん?」と思いつつも、その場を通り過ぎて階段に足をかけたところでちょっと考えた。

「いやいや。そんなことがあるはずないぞ」

線香どころか、火気には異常なまでに気を使っていた職場だったから、タバコの匂いすらするはずがないのだ。僕は踵を返して、線香が香ったその場所へ戻った。

クンクンクン。

しかし、周辺をいくら嗅ぎまわっても線香の香りなどしない。気のせいか。

僕は首をひねり、そのまま自分の職場へ戻ることにした。

じいちゃんが亡くなったのは、その日の深夜のことだった。

僕たちは急いで気仙沼へ帰ったのだが、間に合わなかった。だけど、そこでビックリする話を聞いたのだ。

その日の昼間に、親戚の家々では同じ時刻に電話のベルが数回鳴り、受話器を取ると誰も出ないという現象があったそうだ。しかもその時刻は、僕が会社で線香の香りを嗅いだのと一致していたのである。

しかも父によると、その時刻に病室で寝ていたじいちゃんが久しぶりに目を覚まし、こう言ったそうだ。

「オラ、今、みんなのところさお礼の挨拶に回ってきたんだ。久しぶりにたくさん歩いて、疲れたやあ」

そう言って笑ったと。

それを聞いて確信した。本当に僕や親戚の家々を巡って、お別れの挨拶をしていたことを。

そして僕が嗅いだ線香の香りも、じいちゃんが、

「おーい、タカ。オラはそろそろあっちに行くから、後のことはよろしくなあ」

と、言いにきたのに違いない。

そこで思い出したのが、その４年前に亡くなったばあちゃんの話だ。

亡くなるときに、僕の母をはじめ娘たちが枕元に集まると、

「もう行っていいかや?」

と問いかけてきたという。母が、

「まだ、○○が来てないの。だから、もうちょっと待って」

と返すと、

「ああ、わかった、わかった」

と言い、最後のひとりが来るのを確かめてから、ニッコリ笑って旅立ったと。

今思えば、祖父も祖母もきっとわかるひとだったんじゃないだろうか? そんなことひと言も言わなかったけど。そういえば、僕が見えないものを信じたキッカケも、その祖父母の家での「なんまんだー事件」だったのだから。

ちなみに柳田國男の『遠野物語』でも、土木の仕事をしているところに病気で寝込んでいるはずの男がふらりと現われ「手伝うよ」と、一緒に仕事をしてくれたという話がある。みんな「彼は大病を患っているはずでは?」と怪訝に思いながらも手伝ってもらうのだが、実はちょうどその時刻に息を引き取っていたと。

この世から旅立つときに、お世話になった人たちに会いにいくというのは、今も昔もありうることなのだろう。

苦悩。じいちゃんの葬儀でのアレコレ

結婚して間もなく、ワカは体調を崩した。

最初は風邪気味かな?くらいに考えていたけど、食欲もなくなり、これはおかしいなと病院に行ったら、血液に異常が発見された。お医者さんからは、過度のストレスが関係していると思うから、なるべく楽に過ごすよう指導されて、薬も飲んでいた。

ただ、それを周りに知られたくなくて、上手にごまかしていたのをよく覚えている。

世間の常識を重んじるところがあるワカは、自分の「いろいろわかってしまう厄介な能力」を、ずっと隠して生活してきた。

たぶんそれまでは、能力について周りに理解してくれる人が少なかったので、それ以上に能力が高くなることはなかったのだと思う。ところが、見えないものを理解する僕と出会ったことで、環境が整ってしまったのだろう。「よし、この女、始動!」って感じで、霊界が判断していろいろな試練を与えてきても、なんら不思議はない。そんな感じで、その感度はとどまるところを知らず、強くなっていったのだ。

そして、それは彼女にとって想像を絶する苦しみだった。

例えるなら、パソコンの知識もないのにいきなり高性能の機種を与えられてしまっ

たようなものだ。それを扱えるほどの知識も技術もないのに、周りからは「それだけの機能がついてるんだから」と、過剰な期待と難しい仕事を押しつけられるようなもの。

自分では制御できないレベルの能力を与えられて、彼女は本当に苦しんでいた。外見は普通に振る舞っていたけど、家のなかでは「自分はこれからどうなるのだろう」と、いつも物思いに耽っていた。

そんなときに祖父の葬儀が行われたのである。しかも、僕は自ら進んで小野寺家を継いだ身だったから、妻のワカは結婚後すぐに「喪主の妻」という立場になってしまった。

東北の田舎の葬儀は都会と違って大変で、葬儀屋さんに頼んでそれで終わりというわけにはいかない。本家には親戚縁者が大勢集まり、葬儀の段取りや弔問客に出す精進料理などもすべて自分たちで準備する。お通夜は、その言葉どおり一日中（一晩中）行うのがしきたりで、弔問客もいつ訪れるかわからない。

健康な人だってハードなのだ。そんな状態のなかで、ワカが普通に過ごせるわけがない。

「とにかくキミは一旦、仙台へ帰れ」

僕は真剣に言った。

「大丈夫だってば。喪主の女房がいないわけにはいかないじゃん。それに本家の嫁が途中で消えたら、タカの立場はどうなるの？」

気丈に言うものの、体調のこともあり妻の顔色は悪かった。

僕たちは弔問客が途切れたタイミングでそっと抜け出し、本家に隣接する実家で話をしていた。

ここは僕が幼少期から住んでいた家だ。かつては海が見える海岸沿いの町中に住んでいたのだが、小児喘息を患ったために少しでも空気のいいところへと、市内の母の実家の土地に家を建てさせてもらったのだ。だから祖父母の家の隣で、僕は育った。

「そんなことはどうでもいい。だけど、人の心がわかってしまう状態じゃあ、葬儀どころじゃないよ。僕だって、今の状況に戸惑っているんだから、キミが戸惑わないわけがない」

本心だった。人の生き死にの際は、いろんな人が集まる。そして、大体がきれいごとでは済まない。すごく嫌なことだけど、さまざまな人の心が錯綜し、探り合い、観察し、噂をする。あることないこと、いろいろ聞こえてくるといえば、きっと皆さんにも伝わるのではないかと思う。

特に葬儀のときは、詮索をする弔問客もたくさんいるだろう。そんなこと想像するだけで、嫌だけれど。

僕は、妻にダメージを与えたくないと思っていたのだ。

そう、ワカは聞こえたり見えたりする力がどんどん強くなっていったが、それをコントロールする術をまだ備えていなかった。だから、相手の心の内にある秘められた感情がわかってしまう。知りたくもないのに、知らないほうがいいのに。

僕が継いだ小野寺家は歴史がある。昔は大きな地主のような立場で、土地も持っていた。この本家も、100年以上もの歴史がある。

長い廊下には継ぎ目なしの一本の大木が惜しみなく使われていて、大広間に目を移せば、伊藤博文や田中角栄、三木武夫といった歴代の総理大臣の書が並び、祖父がもらった勲章がズラリと飾られていた。

「こんな大きな家だから、きっと悠々自適なんだろう。羨ましい」

そう思う人も、たくさんいるに違いなかった。

僕は腕を組んで宙を見上げる。

「まったく……困ったもんだよ」

思わず声が漏れる。歴史があるとか、土地があるとかいっても、はっきり言って使えない山林ばかりで、僕自身その処理に頭を悩ませていたのだ。相続税を払えば完全に赤字である。

先日もそんな山林の木が道路に倒れそうだと通報があって、それを処分するだけでもすごくお金がかかった。一部を行政に負担してもらうことでなんとかしたけど、今後もこんな悩みがあるかと思うと頭が痛い。

そのうえ、周りからそんなふうに思われるのでは、やってられない！

「とにかく、キミはここにいなくていい。少しでも仙台に帰って、葬儀のときだけ顔を見せれば問題ないよ。あとは僕がうまくやる」

そう言って納得させると、ワカを仙台へ帰した。不承不承という感じではあったが、どこかでホッとしていたのではないかと思いたい。

予想どおり身内でイザコザが起きたが、つべこべ言わせなかった。

死んだ人間よりも生きている人間を優先するのは当然だと思った。

親類たちは、ワカの能力のことなど知らないから心の中でどう思っていたかはわからないけど、あの時はそれしかないと思ったのだ。

助かったのは、両親が力を貸してくれて、イザコザを丸く収めてくれたことである。

両親はすでにワカの能力を目の当たりにしていたからというのもあるだろうけど、

しっかりと彼女を守ってくれた。

そして一日休んだワカは、再び葬儀のために気仙沼に戻り、僕たちは喪主としてなんとか無事に葬儀を終えることができたのである。


人の心の声を聞きたい。

見えるようになりたい。

いろいろなことを感じたい。

人が羨む能力が欲しい。

そして、神様の声を聞きたい。


そんな人はたくさんいると思う。

しかし、そんな能力を備えてしまったばかりに、大きな苦しみを背負うことがあると僕は知った。

普通、僕たちは目をつむれば視界を閉じることができるし、耳を塞げば余計な音を遮断することができる。だけど目をつむっても、そこには別の景色が広がっているとしたら。耳を塞いでも関係なく、頭の中に何かの声が入ってくるとしたら。きっと心が安らぐときなどないだろう。

僕はこれを機に、この先のことをより一層真剣に考えるようになった。

一体、この能力とどうやってつき合っていったらいいのか、何が正解なのか、何がダメなのか。悩ましかった。

そして、苦悩するワカに、何もしてやれないことを心の底から悔しいと思った。

だって、僕がいくら地団太を踏んだところで、この能力の扉が開いていくことを止めることはできないのだから……。

漫画のセリフに救われる。霊媒体質であることの苦悩

それからしばらくは、地獄だった。気力も体力も奪われ、彼女はとても痩せた。反対に「力」のほうはどんどん強くなってしまい、「もう嫌だ、どうして私がこんな目に遭うんだ！」と、毎日泣いていた。免疫力がなくなるからか、血液の状態も悪くなった。治療の副作用で髪の毛が抜け、長いこと丸刈りだったから、病人に見えてしまうのも耐えがたいことだったに違いない。

目をつむっても、耳を塞いでも、そこにやってくるものに、心が安らぐときなどあるわけがない。だって、霊たちには生きているものの都合なんて関係ないんだから。

「目を閉じてもそこに別のものや景色が見えるのが、すごくしんどい。他の人はそうじゃないんだって知ってからは、なおさら」

ワカがぽつりと漏らした。

「もう何も見たくない」と、気が狂いそうになって、暴れたことも一度や二度ではなかった。

ある時など、僕が友人の結婚式で関西に行った直後に苦しくなったようで、電話口で一晩中なだめたこともあった。

そんな感じだから僕は、いつでも会社を休めるように心がけていた。

そのために必死でしたことがある。それは、会社で成績をガンガン上げて、周りから絶対的に信頼される人間になることだった。普段しっかりとやっていれば、何かあって突然休んだとしても文句を言われないだろうと、踏んでいた。

「スミマセン、ちょっと風邪ひいちゃって、ゴホゴホッ!」

と、ハッタリの連絡を入れるのは日常茶飯事。だけどそんなときも、みんなが協力的に受け入れてくれたのが、とてもありがたかった。

今思えば会社であれほどの成績を上げられたのも、こんな背景があったからかもしれない。必要なときに自分が自由に立ち回れるだけの環境を整えることが、いかに大事かを学んだ時期だった。

　とはいえ、会社に嘘をついていたことは事実で……。

　ここに告白します。あのころ、急に会社を休むことがあったのは、こんな事情があったからでした。当時の皆さまには、ご迷惑とご心配をおかけしたことを、心からお詫びいたします。

　そうこうしているうちに、ワカは夜ゆっくり眠ることすらできなくなり、安定剤や睡眠導入剤を処方してもらうようになった。とはいえ、本当のことは言えないので、血液疾患を理由に「しっかり休めなくて」と、上手にごまかした。実際に体の苦しみもあったのだから。

　こんな毎日を送っていたときにふと気づいたことがあった。それは、知り合いの霊能者と言われる人に、離婚経験者が多かったことである。

　たしかに「こんなこと」を理解できるパートナーはそうそういないのかもしれないと思う。僕は、自分の経験から受け入れられたが、ぶっちゃけ難しい（自分でやっててなんだけど）。

　そして精神的に不安定になったときというのは、ふと「死」が目の前に降りてくることがあるのだ。

それは、本当に「ふと」やってくるらしい。

何も思わず、考えず、ただ「ふと」それは目の前でパックリと口を開けるのだそうだ。彼女はそれを何より恐れていた。それに呑み込まれないように、必死だったのだと思う。

だから僕自身も、もしかしたらある日突然「一緒に死のうよ」って言われるのでは？ 寝ているときに殺されるかも。そう思うと寝るのが恐怖になる瞬間があった。だけど、その時に脳裏に浮かんだのは、すごく好きな漫画『花の慶次』のあるセリフだった。

「疑って安全を保つより　信じて裏切られた方が良い」

いろいろ悩むたびにそれを思い出して、僕も「まあ、そうなんだよな〜。自分で望んで選んだ道だし、きっと解決するに違いない。信じよう」と、ある意味すっかり割り切ってしまった。

僕はワカが好きだしリスペクトしているから、彼女を疑って生き延びるよりも、信じて殺されるほうが幸せだなと素直に思った。

まあ、単に鈍感でバカだったのかもしれないけど、たぶんそう決めたとき、僕らは運命共同体になったのだと思う。

これまで、誰かのために何かをしたいなんて思ったことはないけれど、なんだか人生を賭けてみよう、腹を決めてどこまでもいこうと思った瞬間だった。

タカ31歳、ワカ30歳の冬のことである。

第3章

えっ守護霊？
～お叱りに現れた僕たちの守護霊様～

守護霊様登場！　わっちがおぬしを守っているのだぞ

驚く話だが、僕の守護霊はどうやら花魁《おいらん》らしい。

花魁とは、遊郭で格の高い遊女を指す呼び名である。その中でも最高位の「太夫」ともなれば、一晩遊ぶだけでも、現在の金額に換算すると１０００万円はくだらなかったというから、なんとまああたまげた話だ。

しかも客は、なじみになった遊女としか遊べず、もし別の遊女と遊ぶのがバレようものなら浮気とされ、遊女が客にお仕置をすることも認められていたそうだ。客が髷を切り落とされたとか、風呂桶に逆さで入れられたとか、そんな話も伝わっているくらいだから、遊女のプライドの高さが窺える。

そんな世界で生き抜いていたわけだから、かなり気が強いんだろうな。いや〜、正直、僕はそんな強烈な女性は苦手だな、なんて思っていたのだが……。

彼女のことを知ったのは、こんな経緯からだった。

「ねえタカ、タカに言いたいことがあるっていう女性が来てるんだけど」

僕が何か変なことでもしていたのかと、妙な誤解を与えそうなセリフで起こされたのは、ある夜中のことだった。

「へ？　誰だって？」

僕は目をこすりながら上体を起こす。

するとワカは、左手で上のほうをクイックイッと指差した。

そこにはきれいに結われた髪にかんざしを挿し、鮮やかな紫の着物をまとった女性が浮いているというではないか。通常の着物と違い、帯は前側で巻かれているという。

繰り返しになるが、もちろん僕には見えないし、聞こえないのでワカの仲介が入るわけだが、便宜上ここからはその解説を省くのをご容赦いただきたい。もちろん情景描写もワカの解説を基にして書きながら、話を先に進めることにする。

「ほ、ホントに誰？」

深夜の訪問者に慌てる僕。ただし、今でも覚えているけれども、このとき、どこからか甘い香りが漂ってきたのは鮮明に覚えているのだ。そう、以前会社で嗅いだ線香のように。

その女性は、左手で長いキセルを持ち、白い煙をくゆらせながら口を開く。

「わっちは、おまえの守護霊だ。名は暁《あかつき》、一応太夫まで成り上がった生え抜きやよ。以前からひと言言ってやりたいと思っておったが、なかなか気づいてくれんから一計を案じ、こうやって出てきたわけやわ」

だゆう？　その言葉を聞いてピンときた。先月、ＤＶＤを借りて観た映画が遊郭を舞台にしたものだったのだ。それまでそういう作品には全然興味がなかったのに、レンタルショップでキラリと光ったように見えて思わず手に取ってしまった。そう、妙に気になったのだ。

煌びやかな美しい映像はもちろん、特に、土屋アンナさんが演じる花魁が禿《かむろ》や振袖《ふりそで》新造《しんぞう》、やり手などを従えて高下駄で優雅に茶屋へ出向く花魁道中は、かっこよくてシビレた。食うか食われるか、男と女の感情が渦巻く世界で、身ひとつからてっぺんに駆けあがっていく生きざまは、僕の心を強く打った。

「ええ？　僕の守護霊様ってあの花魁？　すげえ、感動、マジかよ！」

寝ボケ眼もパッと開き、僕は歓喜した。だって、カッコいいじゃないか。それに、現実社会の女性ならおつき合いするのも大変だけど、守護霊でしょ？　何の問題もない気がする。

なるほど、僕があのＤＶＤに惹かれたのは守護霊様の導きだったに違いない。花魁である自分がいきなり出ていくよりも、僕が興味を持ってくれることで、話をしやすくするためだと解釈した。まあ、実際に声を聞くのはワカなんだけど。

このころになると、ワカもだいぶ落ち着き、自分の意志である程度は波長をコントロールできるようになっていた。つまり見るもの、見ないものを選別できるようになっていたのだ。それと同時に、高い波長を持つ霊体の言葉もわかるようになってきたのだ。いちばん苦しかったときから何年かがたち、彼女は変わりつつあった。このあたりの経緯は後の話に譲ることにして、話を戻そう。

つまり守護霊としては「あ～、もう長かった！　ようやく私たちの声を聞けるようになってくれたわ～」というところだろう。

「で、そんな守護霊様が、なんのご用でしょう？」

僕は恐る恐る尋ねた。

守護霊との会話なんて何を話せばいいのかと戸惑いつつも、しかし、何かおもしろい話が聞けるのではないかと期待している自分がいるのも事実だった。

「こうするといいことあるよ！」とか、「これを選べば成功するぞ！」とか、そんなことを教えてくれたらありがたいと、セコイことを考える。しかし……、

「この、おだらけーーーっ！」

と、波平さんばりの怒声が飛んできた。

ひえっ！　おだらけって、なんだよ。

「あ、バカって意味らしい」とはワカ。花魁語なのか方言か、なんか訛ってないだろ

うか？　ううう、映画で観た花魁は上品な言葉だったのに。

「わっちの訛りはほっておけやい。現役時代はこれで問題なく過ごせたのだ。それよりもやね、おまえに文句が、くどくどくど……」

どうやら、守護霊の世界にも成績があるらしく、守っているものの成長度合いによって格も変わってくるようで。ところが、僕は一向に成長していないようで……。ついに業を煮やして、直接小言を言いに姿を現わしたということらしい。

「そ、それはどうもスミマセン」

僕は背中を丸めて頭を下げた。こういうときは素直に謝るに限る。相手が女性なら、ますますだ。そして、なんだかんだ言っても守護霊様だ。変に盾突いて守ってもらえなくなったら、たまらない。そんなことを考えていると、

「おまえ、反省しとらんねえ」

眉間にシワを寄せて、さらに厳しい目でピシャリと言い放つ。

さ、さすが守護霊様……と、僕は改めて「ははあ」と頭を下げた。

「まあよい。とにかく、おまえがしっかりやってくれんとわっちが困るやね。そもそもおまえはだな、日ごろから罰当たりなことをしよって、ぐちぐちぐち……」

どの話も身に覚えのある、そして痛いところをつかれる話だから、ぼくはもう黙っ

て聞いているしかなかった。さすが守護霊様だ。隠しごとはできない……。


守護霊様の井戸端会議。

できの悪いヤツのお守りは苦労が絶えない

話を聞けば、守護霊といっても、もとは人間。

死んだ人間のなかでも優秀な霊体であれば、望めば「守護霊道」に入り、厳しい修行を重ねた上で、人間界の者を守る役目を与えられるという。

ちなみに、

「誰を守るかは自分で決めるんですか？」

と聞くと、

「ある程度は、自分とゆかりのある者を守ることが多いんやよ。そもそも同じ守るのでも、縁もゆかりもない者と自分の子孫では、どちらがやる気が出ると思うね？」

と教えてくれた。

まあ確かに。もとは人間なわけだから、当然そういう感情もあるってことか。だからこそ多くの場合、その人の前世の魂だとか、遠いご先祖様が守護霊として守ってくれるのだという。

ただし、まれに一族のご先祖様に守護霊になれるような人がいなくて、赤の他人が守っているケースもあるというが、いちばんいいのは立派に生きて魂を成長させて守護霊となり、一族自らで守るということ。

結局は霊界も、人と人の縁を大切にしているほうがお得ってことだろう。

ん？　ってことは、この暁さん、僕とどんな関係なんだ？　縁もゆかりもあるってことか？　聞けば、

「おまえのご先祖様の家の殿方が、わっちを身請けしてくれたんやよ」

ということらしい。身請けとは、遊女の身の代金（前借り金）を支払い、遊女をやめさせることを言う。その後、僕のご先祖様は暁太夫と結婚し、今の僕へとつながるというわけだ。そんなご先祖様から、

「これ！　ちゃんと守っているのだから、おまえもしっかりせんかい」

と言われたら、素直に聞くのが筋というものだろう。なんせ守護霊は、生まれてから死ぬまで、一生面倒を見なければならないそうで、途中で「やーめた」というわけにはいかないという。だからこそ、守っている人間にはしっかり生きてほしいと望み、いろんな気づきを与えようと頑張っているわけだ。

とはいえ守護霊は、直接その人間と言葉を交わせるわけではない。そのために苦労

も絶えないようで……。

こんな話も耳にした。守護霊様たちは時おり集まって、井戸端会議をしているというのだ。

「そりゃ興味深い」

と、僕たちが聞き耳を立てていると……。

「おまえんとこはいいよなあ、勘が鋭くて。俺のところなんて、全然気づいてくれなくてまいるよ。こないだもさ～」

「あーら、あんたはまだいいほうよ。私のところなんて、これだけのことを起こしてもまだ気づかないのよ。こないだもまた同じ失敗をしたし」

「俺たちが苦労して、過ちに気づかせたりいい方向に導こうとしても、完全に無視するんだもんなあ。困ったもんだ」

「最近は損得で考える人間が増えたしね。だから直感で感じられるようにきっかけを与えても、『こっちが得だし』ってフラフラ流されるからたまらないわよ」

そんなグチを言い合っている姿に、ちょっと親近感を覚えたものだ。こういう光景はあちらの世界でも同じということなのだろう。

それに守護霊にとっては、守っている人間の行動や成長ぶりで自分たちが上に行けるか（出世できるか）が決まるから、みんな必死なのは当然だ。

うまく伝えようとしてもなかなか伝わらずに、とてもヤキモキするわけだ。

「この電車に乗ったら事故に遭うぞ」とか、「わ！　この道を行くと危険だ」とか、守護霊はある程度察知できるという。あくまでも「ある程度」だけど。

とはいえ百パーセントではないにしろ、人間よりも高いところから全体を見通せるから、人間以上に危険を察知できることに間違いはない。

しかしそれを、いかにして人間に伝えればいいかが悩みの種。空から見下ろしながら、

「おいおい、そっちに行くなよ！」

「だからそこはダメだって！」

などと叫びながら、人間たちに気づいてもらうべく奮闘している姿が目に浮かぶ。

そして最後まで守り抜き、人間が死んでちゃんと上に行くのを見届けたときの、

「最後まで守り抜いたぞ！」

という達成感といったらもう、言葉では言い尽くせないのだそうだ。

だけど聞いていていちばんおもしろかったのは、「こいつは大丈夫だろう」と、みんなに思われている人間を受け持った守護霊の話だった。

守護霊といえどももともとは人間だったから、気を抜くこともあるのだろう。

そして「まあ大丈夫だろう」と気を抜いた瞬間に、その人間が堕落していく。油断したがゆえに、守っている人間が落ちていくときの守護霊の慌てぶりといったら……。

あっと失礼。僕の周りにもそんな思いを守護霊にさせちゃってる人がいるんじゃないかな～って思ったら、思わず「俺だけじゃないよね」と安心してしまった。

ちなみにそんなとき、守護霊たちの井戸端会議では罵り合いになる。

「おいこら！　おまえんとこのが誘惑するから道を外れたじゃねえか！」

と、落ちていった人間の守護霊が言えば、

「ふん！　もとはといえば、あんたが気を抜いたのが原因でしょ！　私だって頑張って導いてたんだから、文句を言われる筋合いはないね」

と、相手も反撃する。

人間と守護霊は一心同体。

だけど、そううまくいかないのが世のなかの常でもある。

守護霊たちにそんな罵り合いをさせないためにも、人間一人ひとりがしっかりと生きる。それをみんなが望んでいるということなのだ。

守護霊の道も大変なんです。あの出来事にも理由があった！


なるほどねえ。この世の裏では、そんな見えないものが同時に動いているのか。

僕が守護霊についての理解を深めながら、ふと思いついたことがあった。

「あの……」

と、僕は右の手のひらを差し出して、暁太夫の説法をなんとか中断させた。

「ありがたいお話の途中で申し訳ないのですが、ひとつ教えていただけますでしょうか？」と断りを入れてから、本題に入る。ほとんどが説教みたいなものだったから、小言の続きがこないうちに話を振るのが勝ちだ、と頭の片隅で考える。

「守護霊は厳しい修行をされて、ようやく人間界で活躍されるんですよね？」

「そうさね」

暁さんは誇らしげに顎を上げ、上空に白い煙を吐き出した。

当時キセルは、遊女が男性を誘う手段として流行した風習らしい。

「こっちの世界も経験がものをいう。経験を多く積み、そして新たな人間を守るんやよ。わっちもはじめて役目を担ったときには、それはまあ苦労した」

「じゃ、僕の前にもやはりご自分の子孫を？　つまり僕のご先祖様を守られていたということでしょうか？」

そう僕が聞いた瞬間、暁太夫は一瞬、眉をひそめる。な、何かマズいことでも聞いたのか？と焦っていると、彼女はゆっくりと口を開いた。

それは驚くべき話だった。

暁さんが厳しい守護霊の修行を終えて、初めて守護の役目を担ったのは、僕の祖父の妹だった。そう、東京大空襲で亡くなり、お墓に入っていなかったあの女性だったのだ！

当時は、戦争の真っただ中。守護霊たちも人間たちを守るのに必死だった。

暁さんは初めての実践ということもあり、うまくいかないことがありながらも、彼女を守ろうと必死だったらしい。

だが、その思いは届かなかった。

10万人以上もの死者を出した昭和20年3月10日の夜間空襲。夜にもかかわらず空は炎で赤々と照らされ、逃げ惑う人たちの中で、暁さんはなすすべもなく茫然と立ち尽くしたという。

よく戦争で亡くなる人に対して、

「神様はなにもしてくれないのか！　守護霊は守ってくれないのか！」

と憤る人もいるが、人間たちが起こしたことを神様や守護霊のせいにするのは気の毒だ。いくら神様だって、守護霊だって、生きている人間に直接手は出せない。仮に人間を守るために、危険を回避させようとしたり、いい方向に導こうと思ったって、人間たちがそれに気づいて行動してくれなければ意味がない。

現実を変えることができるのは、この世を生きている人たちだけなのだ。

それくらい、人間には自由意思があるからこそ、魂の修行になるともいえる。

しかし、暁さんはそうは思わなかった。

「自分の力不足で」

「わっちがもっとしっかりしていれば彼女を救えたのに……」

そう考えたのだ。

そして、再び守護霊道に入り、もう一度厳しい修行をする決心をしたのだという。

今度こそ守り抜く、大きな成長を遂げさせると、心に誓ったのだ。

「だから、おまえたちが彼女を供養してくれて、本当に嬉しかったんやよ。礼を言う、ありがとう」

暁太夫はそう言うと、恭しく頭を下げた。

「いやいや〜、それほどでもありません。まあ、ワカが教えてくれたからできたことですし」

僕は右手をひらひらと振りながら言う。

守護霊に礼を言われて調子に乗ってしまった。

「わっちが礼を言ったのは、そちらの娘さんとおまえの親に対してだわ。なのにおまえはなんやね？　せっかくわっちが守っているというのに。クドクドグチグチ……」

あ～、せっかくいい感じにまとまりそうだったのに。僕のバカ……、バカバカバカ。

僕は再び正座をして暁太夫の説教を聞いていた。

夜はどんどん更けていく……。

なんかうまく事が運ばない。
そんなときにあなたの背後で操っている見えざる手

次の日の朝、僕は寝不足の目をこすりながらリビングでパンをかじっていた。本当なら久しぶりに遠出のドライブに出かけるつもりだったのだが、深夜の説教が長く続いたため、見事に寝坊してしまったのだ。

「まさか守護霊様のお説教で予定を変更するなんて。想像もしなかったよ」

僕は苦笑いを浮かべてコーヒーをすする。苦さが頭をスッキリさせてくれるようだ。

「ねえ、前にもこんなことなかった？　タカがドライブに行こうって計画してたのに、急に用事が入って行けなくなったことが」

ワカの言葉に、僕は「そういえば」と呟いた。

たしかに同じことが何度かあった。しかも、そのすべての行き先がみんな同じ場所だったのだ。

そこに行こうとすると、必ず足止めがかかる。あるときはワカの父親が救急搬送されたり、また別のときは車の調子が悪くて出かけられなくなった。

どれも普段ならありえないことである。

「それもきっと、守護霊の導きだったということじゃない？　だからタカは今、その場所には行かないほうがいいんだと思う。きっと、それが守ってもらっているってことよ」

「えー？　じゃあ、僕はもうそこには行けないってこと？」

僕が泣きそうな顔で言うと、

「まったく、そんなこと言ってないさね。少しは自分の頭で考えやい」

と、呆れたような声で語りかけられた。

僕はその瞬間、背筋を伸ばす。わ、暁さんだ。ようやくお説教が終わったと思ったのになあ、と心の中で呟いた。

「おまえへの説教は、まだまだ足らんねえ」

うへっ。やっぱり心の中まで読めるのか？

「いえいえ、そんなお手数をおかけするわけには……。あの、僕もしっかり精進しますので」

首をすぼめ、ごまかすように頭をかいた。

「まあよい。わっちも少々強引な手で足止めしたからな。しかし、今はあの方向は相性が良くないんよ。おまえだって、事故やトラブルには巻き込まれたくないだろう？」

どうやら、人にはそれぞれ運気の流れというものがあるらしい。それは土地や方位にもあって僕たち人間に影響を及ぼすと。

相性の良い気が巡っている土地や方向に行けば運気は良くなる。それをうまく活用すれば、生活するうえでも好影響を受け、自分の望む方向に事が進みやすくなるという。逆に相性の悪い土地であれば、運気を落とすこともある、

一般的に「吉方位」というものは、生年月日などで占うが、細かくいえば一人ひとり、その方向は微妙に異なる。それを察して、守護霊がうまく導こうとしてくれているのだという。

「もちろん行ったら必ず事故に遭うというわけではないが、リスクは少ないに越したことはない。おわかりかえ？」

そう言うと、強い目力で僕を見た。有無を言わせぬという感じだったので、僕は素直に「はい」と応じる。

「わっちも前回の失敗は繰り返したくないんよ。だから少々強引にでも、おまえをより良い方向に向かうように仕向けているんさ」

そう言う暁太夫の目に一瞬悲しい色が見えた。空襲で死んだ叔母のことだと悟った。そのときは初めての実践で、遠慮があったのかもしれない。それに気づいてもらえずに死なせてしまった後悔が、多少強引な方法もとらせているに違いない。

「まあ、わっちの強引さなどかわいいもんだわ。世の中にはとんでもない力業を持つ守護霊もいるからなあ。時に、娘さん」

「わ、私？」。突然の振りに慌てるワカ。

「聞いたことはないかえ？　あんたの父っちゃがまだ小僧のときの不思議な話を。父っちゃの守護霊にはどうにもこうにも歯が立たんね。人間の理屈など通用せず、守るべきもののためならとことん一途な、わっちが尊敬する守護霊やわ」

そう言うと、暁さんはウットリと目を閉じた。

僕とワカが戸惑っていると、

「あら、知らなかったんかえ？」

暁さんは、黒く縁取られた目を見開くと、口元をニンマリさせた。

「あんたの父っちゃを守っているのは、ものすごい剛腕さね。なんせ鬼やもの」

鬼の手に助けられた父の記憶。先祖が人間とは限りません

太陽がジリジリと照りつける夏の日だった。

少年は、いつものようにランニングに短パンで家を飛び出した。汚れた路面電車が走る道路を横切り、細い路地に入ると、リヤカーとすれ違う。氷屋だ。あの氷を舐めたら、冷たくてうまいだろなあと想像しながら、少年は緩やかな坂を走って下った。

陽炎の向こうに広瀬川が見えた。川面がキラキラと光っている。風がなく、とても暑い日だった。少年は目を細め、川の流れを見た。よし、と呼吸を整えてから、民家の間の細い道に入っていった。目的は遊び場の堀だ。

広瀬川の本流から愛宕堰《あたごぜき》で取水された水は、七郷堀へと流れていく。少年はよくそこで、同級生たちと魚を獲っていた。

しかしその日は他の子どもたちはおらず、しばらく待っていたが誰も来なかった。仕方ない、ひとりでやるか。少年は堀の坂を下り、水際まで行った。数日前までの雨の影響か、いつもより水面が高く、少しだけ流れも速く感じた。

「ちょっと危ねぇな」

少年は勘が鋭かった。

今日は魚を獲るのをやめようと思い、坂を戻ろうとしたが、「あっ！」と思ったときには遅かった。

少年は足を滑らせて、堀へ転落してしまったのだ。

速い水に流されながら、必死に手足を動かして、水面に顔を出そうとする。岸に手をかけようとするが岸壁は高く、少年の手ではとても届かない。助けを呼ぼうにも溺れている状態では、声も上げられない。

「もうダメだ。オレは死ぬのか……」

上も下もわからず、水中で揉まれながらそんなことを思った。

薄れゆく記憶のなかで、何かに引っ張られているような、水のなかから青い空が見えたような、そんな気がした……。

それからどのくらいの時間がたったのだろう。

眩しさと暑さ、そして水の音に目を覚ますと、少年は石ころが転がる浅瀬に横たわっていた。体は水に浸かっていたものの、自由に動くことができる。

ハッとして、勢いよく上半身を起こした。慌ててあたりを見回すが、人の姿はない。

「た、助かった？　まさかここは、あの世じゃねぇよな……」

そう思いながら濡れた体で立ちあがり、思考を巡らす。

「俺は……どうやって助かったんだ？」

体中がすり傷だらけで、ジンと痛んだ。ランニングシャツも汚れ、そして見事に破れている。どう考えても自力で泳いで助かったとは思えない。

かといって、周りに人がいた気配もない。

それに、それにだ。最大の疑問が少年の脳裏に浮かんだ。

彼は落ちたところから流されたのだから、当然下流にいるはずなのだ。

ところが、ここは上流だ。

ワカの父親がこの話をするたびに、決まって最後にいうセリフがある。

「だから俺の守護霊様は強い」と。

「あんたの父っちゃを守っているのは、鬼の女さね。だから守るべきもののためなら、どんな強引な手を使ってでも守ろうとする。ああ、まさに守護霊の鑑やわ」

暁さんは、憧れのスターを語るように言った。それはいい、だが待てよ。守護霊は前世やご先祖様の場合が多いという話を思い出す。

「ちょ、ちょーっと待ってくださいます？　麗しき暁太夫、お聞きしたいことがひとつあるのですが？」

ワカがアタフタと口を開く。

「ってことは？　私の父の守護霊が鬼ってことは？　私の先祖は鬼ってこと？　そ、そんなバカな、あは、あはははは」とワカ、混乱。

「ま、簡潔に言えばそういうことやわ」

暁さんは事もなげに答える。

ううむ、なんということだ。僕はうなった。

実は、これはあり得ることなのである。

と、いうのもたしかに、日本には鬼の家系という家が各地に存在するのだ。

なかでも飛鳥時代の呪術者として名高い役小角《えんのおづぬ》に降参し従ったという鬼の夫婦の前鬼と後鬼の伝承は有名で、夫婦がもうけた5人の子どもたちとともに人間になって暮らしたという。今なお、奈良県の吉野には「前鬼」という地名が残されている。また後鬼の子孫が暮らしていたという天川村に鎮座する天河神社《てんかわじんじゃ》では、節分の前日に鬼を迎える「鬼の宿」という行事があって、かけ声も「鬼は内、福も内」と、鬼に好意的なのだ。ちなみにワカの実家も、節分の豆まきのときは「福は内、鬼も内」だったという。

さらに、京都の貴船《きふね》神社に残る『貴船社秘書』には、貴船の神様が降臨したときにお供をした鬼がいたとも記されている。しかし、あまりにおしゃべりなので、舌を八つ裂きにされてしまった。一時、奈良の吉野に逃げ込んで五鬼を従えて頭領となったが、最終的には神様に許され、貴船神社に神官として仕えた。そして、4代目までは鬼の姿であったが、5代目から人間の姿になったと伝えられている。つまり、鬼が人間となり暮らしていたというのだ。

そこで、ワカから聞いた子ども時代の話を改めて思い返してみる。

庭で鬼の親子を見たこと。

それを話しても驚かなかったおばあちゃん。

そういえば、ワカのおばあちゃんは昔の話はまったくせずに、生い立ちも謎に包まれていた。だけどひとつだけ、ふとしたときに口にする名称があったという。

「ヨシノの家が……」

その言葉だけが妙に耳に残っているという。

もしかしたら、そのヨシノの家って……。

鬼の子孫の家がある。だから守護霊が鬼であっても不思議はない。僕はそう納得することにした。でもまさか、それが自分の妻の家なのはビックリだけど。

とはいえ人間となって暮らし始めて１３００年もすれば、鬼の血を引いている人たちは、全国にたくさんいるんじゃないかと素直に思う。

そういえば普段は漫画を読まないワカの父親が、なぜか永井豪さんの描いた鬼が主役の漫画『手天童子《しゅてんどうじ》』だけは熱心に読んでいた。魂のどこかが気づいていたのかもしれないなと感じる。

もしかしたら、あなたを守ってくれているご先祖様だってそうかもしれない。

これはのちに、ワカの父の守護霊に聞いた話だが、ワカの父が川で溺れそうになったときは、彼女が大きな鬼の手で父をつかみ上げ、上流まで引っ張っていったのだという。下流には人がいたし、人目につかずに助け出すにはあの方法しかなかったと言っていた。そして、

「わいらは力がめっぽう強いからな」

野太い声でそう言うと、カカカと笑った。

「なんとなく」が命を救う。勘でハイジャックを回避する

だけどそう聞くと納得することが多い。ワカの父親の直感力は異常なのだ。きっと子どものころの体験で、僕と同じように「自分を守ってくれる存在」を、心から信じるようになったからだ。だから、普段からふとした閃きとか、感じたことを大切にしている。その心がけが、見えないもの、特に守護霊からの導きやメッセージを的確に捉えられるアンテナを鍛えたのではないかと思う。

そんなワカの父の話を、もうひとつご紹介しよう。

ワカの父が会社で役員をしていたころの話だ。その日は、仕事で羽田空港にいた。東京での仕事を終え、そのまま札幌へ移動する予定だった。

予定より早めに空港に着いた父はふと、

「なんとなくこの便には乗りたくねえな」

そう思ったらしい。そして、腕時計に目を落とし、

「よーし。前の便に間に合うから、そっちに変えるべ」

そう言って、部下に便の変更を指示したのだ。

いつもなら空港内でコーヒーでも飲んで時間を過ごすのだが、なぜかその日に限っ

てだ。

だが、その「なんとなく」が、父を危機から救うことになる。

意味がわからない部下は、怪訝な表情を浮かべつつもカウンターへ向かい、便の変更を行うことになった。繁忙期だったため手間取ることも予想されたが、この日はキャンセル料を支払って、不思議なほどスムーズに搭乗する便を変更することができたそうだ。

そうして無事に機内の人となったわけだが、事件はその後に起きた。

仙台でテレビを観ていたワカと母は、テロップの出たニュース速報に腰を抜かすほど驚いた。なんと、ワカの父が乗ると言っていた飛行機がハイジャックされたのだ。

当時は携帯電話などなく、父とすぐに連絡を取る手段もなかった。空港に電話しても、混乱していて詳しいことはわからない。テレビは緊急特番に切り替わり、断続的に入ってくる情報を固唾を呑んで見守っていたのを今でも思い出すという。

ワカの父はというと、そんな事件が起きているとは露知らず、次の仕事へ向かっていた。

そのことに気づいたのは、訪れた会社の休憩所で流れていたニュースを見たときだった。そこで初めて自分が乗るはずの便がハイジャックされたことを知ったのである。

慌てて自宅へ電話をかけて、家族を安心させたのは言うまでもない。

だけど、調べてみるとこういう経験をしている人は意外といるようだ。

ある競馬調教師が、乗船予定の連絡船に乗りそびれて転覆事故に巻き込まれずに済んだとか、泊まったホテルが火災になるも、外のバーで飲み明かしていたことで難を逃れたとか。

芸能人にも「なんとなく」で便を変えたところ、その便が事故に遭ったという出来事がたびたび番組などで紹介されているのを目にする。

「たまたま」も、積もり積もれば必然だ。

きっと、そういう人たちは日ごろから「見えないもの」からのメッセージに耳を傾けているのだろう。人によっては信心深いという言葉を使うかもしれない。

だけど本当に信心深い人というのは、その「見えないもの」が及ぼす閃きや直感をどれだけ素直に受け取れるか、なのだ。神様とか仏様をただ信じるのが信心深いのではなく、自分の感覚を信じることができることこそが、本当の「信心深い人」なのだと思う。

指導霊とは、スーパーサブ。その時々で相応しい専門家が登場するのです

「なるほど。目には見えなくても、そうやって守護霊さまが守ってくれているわけですね」

僕は改めてありがとうの気持ちを込めて、胸の前で手を合わせた。すると、

「とはいえ、わっちたちも忙しい身。普段の小さなことは、サイのやつに任せているんやよ」

さい？　初めて出るワードに僕は首をかしげる。

「あ、あの……。さいとはどなたでしょうか？」

「ん？　サイには、まだ会うたことがなかったかえ？」

そう言うと暁さんは、すっと右手をあげた。

「わっ⁉　タカだっ」

隣でワカが驚きの声を上げ、僕の後方を指差した。

そこには頭を丸めて簡素な布を身に纏う、穏やかな表情のインドの修行僧のような男性が立っているという。そしてその顔は、なんと僕にそっくりだと。まあ、僕には

見えないわけだけど。

暁太夫の説明によればひと口に守護霊と言っても、ひとりでその人間を守っているわけではない。常に守護霊をリーダーとしたチームで動いているのだそうだ。僕の場合は、「チーム暁」とでも呼んでおこう。

そのチーム暁のメンバーが指導霊というわけだ。指導霊はたくさんいて、それぞれに専門がある。そして、その時々で相応しいものをリーダーが指名して、登場させる。

野球でいえば控えの中に、一発逆転を狙って長打力のある打者もいれば、バントがうまい人、足のスペシャリストもいる。守備のうまい選手だっているのだ。そして活躍できるタイミングはそれぞれ違う。試合の展開に応じて、使う選手も代わるということだ。

「じゃあ、今の僕には僧侶が必要ってことですか？」

僕は尋ねた。

「そうやよ、おまえは少し冷静になる必要がある。前にもカッとなって、会社でひと暴れしたことがあったろう？」

そう指摘されて僕はギクリとする。守護霊に隠しごとはできない……。

会社で、同僚の仕事ぶりに頭にきて厳しく注意したことがあった。彼は「はい」とその場では素直に頭を下げたが、その後に言い訳をメールで送ってきたのだ。席は2つ隣。その時も席にいた。

「おい、目の前にいるんだから、言いたいことがあるなら直接言えよ！」

頭に血がのぼった僕は、社内連絡用のPHSを床に投げつけて、木っ端みじんに叩き割ってしまった。

その後は先輩たちが割って入ってくれたおかげでことなきを得たが、それ以降彼は、僕に寄りつかなくなってしまった。

「あ、あれは……その、ああいう癖は僕も直さなきゃと思ってはいるのですが……」

僕は首をすくめて言い訳する。そうなのだ。すぐにカッとなって見境がつかなくなってしまうのは、子どものころからの悪い癖だ。

「だからわっちが、サイを呼んだんよ。今のおまえに必要なのは彼やでね」

そう言ってサイと呼ばれた僧侶に視線を送った。サイさんは穏やかな表情で見下ろしながら、ゆっくりと口を開いた。

「わたくしも昔はとても短気で怒ってばかりでした。ですがこれではいけないと仏門に入りました。安らかな心を手に入れるため修行に励む人生でした。その経験を踏まえて精一杯指導させていただきます」

そう言って恭しく手を合わせた。

彼は僕の遠い過去世の姿。つまり同じ魂の持ち主なのだという。僕は遠い昔、インドで修行僧をしていたわけか。まあ、今もお坊さんみたいな姿だけど。

そして先述の会社での出来事も、実はサイが仕組んだことだと判明した。怒りをコントロールするためには、そういう状況を何度も越えさせる必要があると、彼は判断したのだ。なにより同じ魂だからこそ、それがわかるという。

「怒っても無駄」

「怒ることで損をすることが多い」

そしてなにより、

「自分がいちばん、嫌な思いをする」

それを自分で気づくことが先決だと。そうすることで、初めて自分で心をコントロールできるようになると。たしかに僕もあの出来事があってから、そのことを深く考えるようになったのだ。

そのきっかけが、あのときに壊したＰＨＳである。当然あれは僕が弁償するべきものだったし、そのつもりだった。しかし、僕を慕ってくれていた後輩が素早く回収して担当者に持っていき、

「タカさんが転んだ拍子に、階段から激しく落としちゃって……」

と、うまくごまかしてくれたことを後で知った。僕が会社から責められないように
との配慮だった。

本来守るべき人に守ってもらった。僕の一時の怒りのせいで大切な人に迷惑をかけたと、自責の念が胸の奥に広がっていくのを感じた。

それから僕は、くだらないことで腹を立てないように心の持ち方を考えるようになった。それはすべて、サイさんが指導霊として僕を導いてくれた結果だったのだ。

ちなみに、僕が受験勉強に必死に取り組んでいたときは「学者の指導霊」が、社会人となって競争に勝つためには「武士の指導霊」がついていたという。

きっと多くの人がこういう経験をしているはずだ。

あの出来事があったから、あのひと言があったから、人生を変えることはできたという経験が、誰にも一度や二度はあるだろう。それこそ実は、守護霊や指導霊が、「おい、はよ気がつけ！」と、後ろから突っついていた結果なのだ。

裏を返せば、そうやって人生を変えられた人こそが、本当のスピリチュアルな人といえると思う。

それでもサイは、謙虚に言う。

「少しでもお役に立てたなら嬉しいです。わたくしをはじめとする多くの指導霊たちは、まだ守護霊にはなれない見習いの身ですから、自分が必要とされるまで修行を積みながら待機していたのです」

よどみなくそう説明してくれるサイに、僕は愛しさに似た不思議な感情を抱いた。これはやはり、自分と同じ境遇にあったシンパシーだろうか。なんか暁さんよりもサイさんのほうが優しくていいなあ、そう思ったとき、

「おまえ、サイのほうを選ぶのか？　ほほほ、いい度胸しとるねえ」

「タカ、なんてことを思うのよ。守護霊様にはなんでも」

はい、お見通しですよね。わかってるわかってる。

「ということは、やはり守護霊様は選ばれしものということなんですね。指導霊として修業を積みながら守護霊を目指されるということですから」

僕の言葉に暁さんは、「当然やよ」と、誇らしげに笑った。守護霊とはいえ、褒められると嬉しいらしい。やはりもとは人間だ、ちょっとホッとする。

嫌なヤツの指導霊が現れた。「勘弁してよ」と泣きが入ったこんな話

指導霊のお話が出たところで、ぜひご紹介したいことがある。

これは僕がサイさんを紹介されてしばらくしたときのこと。僕が会社から帰ると、リビングの入り口でワカが呆然と立ち尽くしていた。

「ど、どうしたの？」

僕が怪訝な顔で聞くと、ワカが振り返り、

「あ、おかえり。いや、なんかさっきからおかしな生物がリビングを占領しててさ……」

そう言ってリビングのほうへ視線を戻す。

もちろん僕には見えないわけだけど、ワカの話によればリビングいっぱいに、膨張した人間の影のような生物（？）が、座っているという。手足や頭らしきものはあり、漫画『キン肉マン』のラーメンマンが着ていたような中国服を着ているが、とにかく形が歪んでいるという。

それを聞いて、僕はピンときた。

「ははぁ」と、顎をさする。

「たぶん、それは未熟な霊体だと思う」

「未熟な霊体？　なにそれ？」

意味がわからなかったのか、ワカが首をかしげた。

「ひと口に幽霊って言っても、それぞれレベルには差があってね。修行を積んだ霊体なら、キミみたいな見える人の前に現れるときは、自分の姿をきれいに見せることができるんだけど」

そう言って言葉を区切ると、その霊体がいるであろう場所を見据えて続けた。

「レベルの低い霊体は、自分の姿をきちんと表現できないんだよ。だから歪んだ姿で見えることも少なくないらしいよ」

僕の言葉に「ふーん」とワカは頷くと、

「で、結局どうすればいいわけ？　このままいられると困るんだけど」

と、僕に意見を求めてくる。僕も困って、両手を小さく広げる。するとサイさんが「これはタカさんの知り合いの方の指導霊です。このたび暁太夫に助けを求めにやってきたのです」と教えてくれた。

僕はその人の名前を聞いて嫌な予感がした。なぜなら、僕が最も関わりたくない人物だったからだ。しかしその後、僕はその依頼内容を聞いて大きなショックを受けることになる。

どうやらその人物、仮にＴ氏としておこう。Ｔ氏は日ごろの身勝手な振るまいでどんどん魂の格を下げていった。当然、周りからも疎ましく思われているが、本人にはその自覚がないからたちが悪い。

そして人間の魂の格が下がれば、それを守る指導霊たちの力も比例して落ちていく。先ほど、指導霊はその時々で専門のものが登場すると話したが、そのレベルも千差万別らしい。小学生レベルの技術しかない人にプロのコーチが就くことがないのと一緒だ。

つまりＴ氏の格が落ちるのと同時に、指導霊も自分の姿をまともに表現できないレベルまで落ちてしまったのだという。

そこでＴ氏にそれを気づかせて立ち直らせるために、一緒に仕事をしてくれる最適な人物を探していたところ、タイミングよく現れたのが僕だったらしい。しかも後ろには、格の高い守護霊がいるのだから心強い、と。

僕はその話を聞いて、ブンブンと激しく首を横に振った。

「か、勘弁してください！　僕だって彼と一緒にいるのは嫌です。しかも同じ仕事をしろだなんて、絶対に嫌だ！」

僕は激しく抵抗した……が、それに対する返事は無情だった。

「それが、暁太夫はすでにＯＫしてしまわれたようです。いい機会だから、タカを鍛えるにもちょうどいいと」

えーーっ！と、僕は膝から崩れた。

まさか暁さん、「格の高い守護霊」という言葉に気を良くして僕を売ったのではあるまいか、と変な邪推までしてしまう。

それから間もなく、Ｔ氏と仕事をする機会が訪れたのは言うまでもない。僕は精一杯の抵抗を示したが無駄だった。周りからも「小野寺よ、気の毒に」という目線を向けられたが、まさか守護霊に結びつけられたとは言えない。

それからの毎日は、本当に苦痛だった。

彼のむちゃやワガママに振り回され、意に沿わない提案は無視されて椅子や机に八つ当たりをする。とはいえ、そこから逃げ出すこともできずにストレスを抱える毎日だった。

暁太夫に相談したときもあったが、

「おまえはなんのために仕事をする？　きっと生きるため、金のためやねえ。ならば、金のためと割り切って、もう少し辛抱することはできんのかえ？」

と、冷たく突き放された。

だからこれも修行のうち、今は耐えるべきときなんだ、と必死に毎日を送った。我ながら頑張ったと思う。しかし、もう限界だった。たぶん今の世の中、同じような経験をしたことがある人も多いと思う。それこそパワハラ、モラハラ、ブラック企業、そんなワードが新聞やメディアに躍るのが日常茶飯事の時代だからこその話だ。

そして、限界に達した僕の判断は、こうだった。

「逃げよう。俺は逃げる」

ある日、僕はすべての仕事を放り出してしまった。

「仕事よりも自分の身と命のほうが大事だ！」

そう割り切って、パッパと逃げ出したのだ。会社はしばらく休んだ。もう行かねえ、行ってたまるかと、堂々と休んだ。

結局僕は、守護霊様の期待には応えられなかったな。

そんな思いが胸を去来した。当然、叱られると思っていた。ところが、

「ふんふん、やはり無理だったか。やつはなかなか手強い相手やったからねえ。それでも、Ｔ氏にとってもいいきっかけになったはずやよ」

あおいでいた扇子をピシャリと閉じ、僕に向けてこう言い放った。

「あのタイミングで逃げたのは正解やよ。人間は知らず知らずのうちに自分を追い込んでしまうからねえ。心を鍛えるのもよいが、それで自分の体を壊しては意味がないさね。ま、おまえもよう頑張ったわ」

そう言って「ほほほ」と笑った。

いや……、おい……、とひと言言いたい気分ではあったが、結果的に自分の判断が正しかったとホッとする。

たぶん、この厳しい浮世を生き抜くうえで、大切なことに気づかせようとしてくれたのだろう（でないと納得がいかない！）。それに、人に何かを教えるのは、口で言うだけではないのだなと痛感もした。実際に経験させて、身をもってわからせる。それこそが本当の教育ということだろう。

だけど、だけど……。

もう勘弁してほしい。

そう切に願わずにはいられない。

第4章

霊にもいろいろありまして

~幽霊だってもとは人間、良い霊も悪い霊もごちゃまぜなんです~

霊界は階層になっている。
行いで決まる 会いに行けるか？ 行けないか？

そんな感じで僕たちは守ってくれる守護霊や指導霊の存在を知ったのだけど……。

話を聞けばひと口に霊界といっても多くの階層があるらしい。そして、なんと生前の行いによって、人間はどの階層に行けるかが決まるという。マジかっ？ よく、

「自分が死んだら、おばあちゃんに天国で会えるのか？」

なんて考える人もいるだろう。僕もそうだ。

誰しもが、先に死んだ大好きだった人に会いたいと思うのは、自然なことである。

しかし暁さんの話によれば、それは会いたい人がどの階層にいるかで変わるらしい。

霊界の仕組みとして、低い階層の人が高い階層に行くことはできない。逆に自分よりも低い階層には自由に行くことができる。つまり、上には行けないけど、下には自由に行ける。

これは僕たちの社会に当てはめてみるとわかりやすい。お金持ちや偉い人は、一般の人たちの生活をしようと思えばできるけど、その逆は難しい。どの世界でも上にのぼることは簡単ではないということだ。

だから、死んだ後に自由に好きな人に会いたいと思ったら、生きているうちにしっかりと善い行いを積むことが大事だという。具体的には、他人に喜ばれる行動や好かれる行動をすることでポイントが上がっていく。決して偉くなったり、お金持ちになりさえすればいいわけではない。なぜなら、生きているうちは知識や権威などで人々の目をごまかせるけど、死んだ後に残るのはその人の魂に刻まれた「素の人格」だけだからだ。

ちなみにこの話を裏づけるような資料が残されている。

18世紀の大霊能者として有名なスウェーデンボルグの記録でも、霊界は階層になっていると書かれていて、低い霊格では高い階層に行くどころか、眩しくてまともに見ることすらできなかったとの記録がある。また、ダンテの『神曲』でも、恵心僧都《えしんそうず》の『往生要集』でも、地獄のような低い階層については詳しく書かれているが、天国のような上層部については簡単にしか触れられていない。この共通点は、時代も国もまったく違う人たちの資料なのにとても興味深い。しかもダンテに至っては、天国編の冒頭に「地獄に比べて天国はとても難解だ。今すぐに引き返すがいい」と、読者に警告まで発しているほどだ。きっと彼らも簡単には上の階層を知ることはできなかったということだろう。

下がるのは簡単だけど、上がるのは難しい。

これは死んでからも同じようだ。

そしてこの法則は、生きている能力者についても同じのようで……。

これまでのお話でも触れたように、一概に「見える」「聞こえる」といっても、どのレベルのものを見聞きできるかは、その人の霊格に委ねられる。

実際にワカも最初は、低級霊のような低いレベルのものしか見えなかったし聞こえなかったが、訓練を重ねるうちに高いレベルの存在ともコンタクトが取れるようになった。そしてそれに伴い、低級霊の余計な声を聞かない術も身につけることができたのだ。そこに至るまでが、そりゃまあ大変だったんだけど。

ここからは時系列に沿って、その話を進めていくとする。

そう、霊にもいろいろありまして……

深夜の訪問者。死んでなお悪霊に使われる元霊能者

僕はあまり怖がりなほうではない。これまで書いたように、子どものころから「見えない世界」とか「あの世や前世」とか、そんな話を信じてきたから、何があってもおかしくはないと思っている。

いや、正確には、怖がりなほうではなかった。というのは、実際に起こると、めちゃくちゃ怖いのだ！

こんなオソロシイ体験をしたことがある。

どちらかというと人間の弱さや悪霊がつけ込んでくる隙について学んだ出来事で、『ほんとにあった怖い話』に出せそうな、リアルホラー的なものなのだけれども。


その日の夜、僕たちはちょっと遅い夕食をとっていた。僕の仕事がすごく忙しいときで、しかも当時はサラリーマンだったから帰宅時間も思うようにいかず、夕食はいつも遅めだった。

疲れた体に熱いみそ汁が染みわたるなあ～と思ったとき、
ピンポン、ピンポンと音が聞こえた。

ん？　玄関のチャイム？　なんとなくくぐもって聞こえたけど、確かにそれは鳴った。

うちのマンションはエントランスでインターホンを鳴らしてもらい、こちらでオートロックを解除する、まあ今風のシステムだ。そんなわけなので、いきなり玄関のベルを鳴らす人はまずいない。だから、おかしいなと思ったのである。

僕は、チラリとモニターに目をやった。チャイムが鳴ると自動的に玄関の様子が映し出されるのがこのモニターだが、不思議なことにそこには誰も映っていなかった。ただ、「なにか」の気配ははっきりと感じたのだ。

……。

嫌な予感がした。ワカは何も聞こえないかのように、黙々とごはんを食べている。僕の耳には、ピンポンというチャイムの音。だけど、反応しない妻。何も映らないモニター。

あの……充分怖くないですか？　空耳なら何の問題もないんだけど、絶対に聞こえた！

僕はさりげなく立ち上がって、モニターに近づいてみる。そこにはやはり誰も映っていない。

やっぱり勘違いなのか？

怪訝に思いながらも、僕は食事に戻った。しかし、僕のソワソワは隠しきれなかった。

向かい側に座るワカと目が合う。僕の心を察したかのように、

「無視しよう、ムシ」

と言い放ち、食事を続けようとしたのである！

き、聞こえてるんじゃないか。やっぱり空耳じゃない？　じゃあ、何なんだよ、このチャイムの音は。そして、誰もいないはずのモニターにたまにチラチラと映る影。

そういうときは、ワカに従うのが僕の方針である。だってあっちの世界のことは彼女のほうが大先輩だからだ。そして、僕も男だ。あまり取り乱すのは、カッコよくないじゃないか。

「そ、そうだね」

内心ビビりながらも、気にせずに食事に集中しようと努めた。大好物の焼き魚だというのに、なんだかどんな味かわからない。

ピンポン。

チャイムが、また鳴った。

心なしかモニター画面が明るくなっているのがわかった。今度はボーッとした、煙幕のようなものが流れるのがはっきりと見えた。

「まったく！」とワカが言い放った。

パシッと箸を置いて立ち上がる。モニターをジッと見つめると、ふんと鼻を鳴らして「自分専用収納スペース」の扉を開けた。そこには、彼女が必要に応じて使う、浄

化グッズや瞑想のためのいろんなものがしまってある。粗塩とお香を取り出すと、
そして僕のほうに手のひらを突き出して、

「タカは来ないでいいよ。ちょっと話をしてくるから」

そう言って玄関へ、大股で歩いていった。

それからしばらくすると、

「ここはねえ、あなたが来るところではないんですよ」

「何度来ても無駄だから、どうぞもう行ってくださいな」

という感じで、誰かを説得するようなヒソヒソ声が聞こえてきた。

たぶん、幽霊だ。

僕はそう直感した。僕はリビングで、息を詰めてその「やりとり」らしきものを聞いていた。話はすぐに終わった。心なしか、空気が軽くなったような気がする。

アレがいなくなったからだろうか。

で、戻ってきたワカにしつこく聞くと、やはり幽霊の一種だと教えてくれた。

かいつまんで話せば、その「幽霊」の彼女は、どうやら生前はそこそこの霊能者だったらしい。そして子どものころからパッとしない女の子だったという。親からも「まったくあんたはバカなんだから」と認められずに育ったそうだ。

そんなある日、彼女は自分に、人とは違う感覚があることに気づいた。多くの人が見えないものが見えること。聞こえないことが聞こえることに、みんなが「すごい」と褒めてくれた。彼女はいつしか「自分は特別な存在なのだ」と、思うようになったという。

やがて、その力を金儲けや自己顕示欲に使うようになっていった。

だけど前述したように、訓練や経験を積まなければ聞こえてくるのは低級な声ばかり。当然、そんな邪心を悪霊につけ込まれることになってしまったのだ。

そんな彼女は若くして死んだ後も、悪霊に使われ続ける身になってしまったという。「私たちの邪魔をする能力者をこちらに引きずり込みなさい。そうすればおまえは救われるぞ」

そんな言葉に乗せられて、彼女は今でも仲間に引きずり込む相手を探して徘徊しているのかもしれない。

結局、見える世界も見えない世界も同じなのだ。

自分の心の持ち方ひとつで、底に転がり落ちてしまう。せっかくすごい力を持っていても、一歩間違えるとロクなことにはならないことを、まざまざと思い知らされた出来事だった。

実はこれがいちばんやっかいだった。守護霊も手出しできない生霊という存在

今の話は、一般的な幽霊のお話。いわば普通にイメージできる幽霊で、死んだ人間がこの世に未練を残し、あの世にも行けずに徘徊しているパターンである。だけどこの世にはもっとやっかいな存在がいる。

それは、生きている人間。そう、「生霊」である！

初めに説明しておくが、生霊は「霊」とは書くものの、霊ではない。生きている人の「念」と「思い」そのものだ。

誰かに対する恨みや嫉妬だけではない。「頼りたい」とか「助けてほしい」という思いさえも、相手にベッタリこびりついてその人に症状として表れる。

なんとなく首が痛いとか、肩や背中が重く感じるとか。そんな誰にでも覚えがありそうなことが、実は生霊の仕業だったりするのだ。

ではなんで、この生霊がやっかいかというと……。

「うーん……なんか調子が悪いんだよな〜」

ワカが困ったようにそう言った。首のあたりをさすっている。

「最近、このあたりが重いっていうか、苦しい感じがするのよ。ああ、やだ。私も年かしら？」

「大丈夫？　少しほぐしてみたら？　マッサージでもしようか」

僕は肩をもむ仕草をする。

「それはありがたいんだけど……」

そう言ってから、なにやら考えるように首をひねった。

「どうも妙な気配を感じるのよね。特に毎日この時間になると」

「え？　妙な気配？」

僕はとっさにファイティングポーズをとって周囲を見回した。またお化けか？　幽霊か？　いくら子どものころから興味がある世界でも、自分の身に降りかかってくるとなれば話は別だ！　やっぱり怖い！　僕が顔を引きつらせていると、

「これ、生霊か？　うわ～、念だわ、念」

オーマイガー！とワカが地味に嘆いた。

「ああ、間違いない。守護霊さんもそう言ってる」

ワカによれば、僕たちに対する強い感情が念となって飛んでくるのだという。例え

ば依存、それから嫉妬や歪んだ好意も念となる。もちろん、「くそー、あいつ気に食わねえ。腹が立つ」という恨みつらみも同様だ。しかもそういう念は飛ばしている本人に自覚がないから、やっかいなのである。

そして彼女が夜に強い念を感じるのにも理由があった。それは飛ばしている本人の都合である。昼間は仕事や家事など、何かしら忙しくしているのが大方の人の日常だ。余計なことを考えている暇はない。だけど夜になって時間に余裕ができ、まあ、その人の場合は僕たちのことを思い出す時間が増えると当然、飛んでくる念も強烈になるわけだ。納得。

なので「あの人に会った後はどういうわけか調子が悪くなる」なんてことが続く場合は、要注意かもしれない。

「えー!? 生霊なんてそんな恐ろしいもの、守護霊様がやっつけてくれないんですか?」

僕は泣きそうな顔で懇願する。

あちらの世界について僕は何ひとつ手出しできない。特別な力があるわけでもないし……。

しかし、ワカは、

「あ～大丈夫、大丈夫。面倒だけど、たいしたこっちゃないから」

そう言って右の手のひらをひらひらと振り、「それにね」と続けた。

「生霊に関しては、守護霊様も手出しができないんだってば」

「イキリョウハ、シュゴレイサマモ、テダシデキナイ？」

思考が追いつかず、棒読みになる。

マジで⁉ 同じ霊だろ、なんとかならんのか？ そんな僕の思いを察したように、

「生霊は霊ではない、生きている人間の思いなんやよ。人間同士の揉め事は、人間同士で解決してもらうしかないわな」

暁太夫が「悪いねえ」とばかりに言う。ううう、なんのための守護霊だよ～。

しかし、文句を言っても始まらないので、僕たちは侃々諤々《けんけんがくがく》対策を考えた。だが、これが実にやっかいな問題であった。

と、いうのもだ。以前現れたような、死んだ人間の幽霊ならば話して納得してもらうことができる。実は死んだ人間というのは意外と聞き分けがいい。なぜなら、死んだ後に上から人間界を見ていて、

「自分は人からこんなふうに思われていたのか」

「あいつら、陰でこんなこと言ってたのか」

「彼らのことは信じていたんだけどな」

などと、生きているときには気づかなかったことを俯瞰的に見せつけられ、逆に素直になることが多いからだ。僕も、ワカとの生活の中で霊体を何人か説得した経験がある。その誰もがみんな、素直にわかってくれた。

もし仮にそこでわかってもらえなければ最終手段として、無理やりあの世へ強制連行することもできる。いわゆる「お焚き上げ」というやつだ。死んだ人間の魂ならば、守護霊たちも手が出せるし、僕たちのために働いてくれる。

しかしだ。生霊とは生きている人間の「念」であり「思い」である。本人が思い続けている限りは、どうしようもない。生きている本人に意識を変えてもらうしか、手段がないわけだ。

「そんなあ!? じゃあどうしようもないってこと? 勘弁してくれよ」

僕は焦って、地団太を踏む。せっかく最近はワカの具合も良くなってきたのに、また昔みたいに苦しんだら元の木阿弥じゃないか！ どうしよう。頭を抱えてソファに倒れ込んだ。すると、武豊騎手と目が合った。読みかけの競馬雑誌、その表紙が武豊騎手だったのである。

その瞬間、僕の中でふとした疑問が湧き上がった。はて？ 武さんは競馬をしない人でも知っているほどの超人気騎手である。当然熱狂的なファンも多い。だけどそれに比例してアンチとか、嫌いな人も多いはずだ。しかも騎手ともなれば、馬券を外した人から恨みの対象になることだってあるだろう。なんせお金がかかると怖いから。

僕は顔を上げると、おずおずと疑問を口にしてみた。聞かなければ始まらない。

「あの、質問なんですが。武豊騎手のような有名な人とか、まあ芸能人ですよね。そういう人は多くの念を受けると思うんですが、どうやって身を守ってるんですか？」

僕の言葉に視線を上に向けつつ、ワカがふんふんと頷く。

「ああ、なるほど。それなら私の考えも間違ってなかったわけか、よかった」

と声を上げる。どうやら守護霊たちと会話をしているらしい。

「え、何なに？　僕にも教えてくれよ」

身を乗り出して声を上げる。

話をまとめるとこういうことだ。

たしかに有名人は、多くの恨みや嫉妬の念を受ける。それだけなら、その人は大変な苦しみを覚えるはずだ。しかし、そうならないのには理由があった。

人気の有名人には恨みや嫉妬のような「負」の念よりも、「好きだ」「ありがとう」という「陽」の念のほうが圧倒的に多い。その「陽」の念が結界を張り、守っているのだ。

「じゃあ、恨みつらみよりも多くの『ありがとう』や『楽しい』という思いを周りにさせることで、自分自身を守れるってことか」

「そう。周りの人に喜んでもらうことが、結局は自分を守るってことよ」

自らに言い聞かせるように、ワカは頷いた。

それから僕たちはより一層、周りの人たちが喜んでくれるような振る舞いを心がけた。僕としては短気で感情的になる癖を改め、笑顔で毎日を送るように努力した。

会社をやめてからはブログも始めた。少しでも多くの人たちに楽しんでもらうためには、良いツールだと思ったのだ。ブログのテーマは「神さまにえこひいきされる生き方」に決めた。僕たちが見えない世界を通してこれまで学んできたことを、リアルに楽しく伝えられたらと考えた結果だった。

それからはワカが生霊に悩まされることも減った。たくさんの人の喜びの鼓動が、僕たちを守ってくれているのだと信じている。

たしかに生霊はやっかいな存在だ。多くの人が知らず知らずのうちに悩まされている問題だろう。だけどそれを解決するのに、霊媒師とか能力者の力を借りる必要は必ずしもないと、僕は思うのだ。大切な家族や友人、同僚。自分たちと関わる人たちが、みんな楽しく生きられるように心がけること。笑顔と感謝を忘れないこと。そんな心がけが、自分を守る盾となり、どんな生霊も手出しができなくなる。

そんなことを感じた出来事だった。

心霊スポットの意外な秘密とは。「怖い」という念は残るというお話

このように人の思いや念は、本当に強い。

だから人の念によって、意外な場所が作り出されることもある。

それが心霊スポット。

「えっ、なんで？　そういう場所っていわくつきなんじゃないの？」

そう思う方も多いだろう。

もちろん、そういう場所が多いのは事実だ。人が殺された。大きな事故があった。そんな悲しい出来事があって、成仏できない霊が現れる。そういう想像をする人が、ほとんどではないだろうか。

だけど、ちょっと考えてみてほしい。現代では多くの場合きちんと葬儀が行われ、お墓に埋葬されているのだ。たとえ未練や恨みがあったとしても、死んだ場所よりも

本人のところへあらわれる方が効率的なんだもの。ごめん、なんだかムードもへったくれもない話にまとめちゃったけど、実際そうらしい。

じゃ、どうしてその場所が心霊スポットになってしまうのか？

その答えこそが「人の念」だ。

実際にこんなことがあった。夜、山奥の公道で車を走らせていた時のこと。

「タカ、見てよ。あんなところに電話ボックスが。雰囲気あるわね～」

と、助手席で前方を指差しながら、ワカが声を上げた。

「なんか出そうな感じだな。しかし、こんなところで電話する人なんかいるのかね？」

深夜の山の中にある電話ボックス。闇に浮かぶボワンとした光。いい感じはしない。

早く通り過ぎたくてアクセルを強く踏もうとした時、妻が言った。

「ちょっと寄ってみない？」

その言葉に僕はのけ反る！

「えーっ！　怖いって！　やだよ！」

僕は、左手を左右に振って精一杯の抵抗を試みる。しかし、

「大丈夫だってば。それにさ、タカが思っているほど本物の幽霊は怖くないのよ。死んだ魂は余計なものがなくなって、きれいなものなの」

そう言って僕の肩をポンと叩く。そもそもそういう「幽霊がいる前提」はやめてほしい。

僕は不承不承、車を路肩に寄せて停車させた。

ワカは助手席から出ると、電話ボックスに向かって歩いていく。

「ま、待ってよ」

ひとりにしないでくれ、と僕も車から降りて後を追う。だいたいお化け屋敷では腰を抜かすのに、どうしてこっちは平気なんだよ……。妻の神経を疑う。

電話ボックスを覗き込むと、中には古びた電話帳が一冊置いてあるだけだった。緑色の四角い電話機が、薄暗い空間に無機質に照らされている。

ワカはさっと辺りを見回すと、なにかの記憶をたどるように目をつむった。そして、ふんふんと何度か頷き、

「たしかにこの電話ボックスは、ちょっとした心霊スポットだわね。夏にはここで肝試しをする人なんかもいるみたい」

「ええっ！　はやく行こ、はやく」

僕は車を指差して叫ぶが、ワカは「まあまあ、ちょい待ち」と続ける。

「別にここで何かがあったわけじゃないんだってば。人の『怖い！』っていう念が降

り積もった、典型的な場所だと思う」

つまり、こういうことだ。

誰かがここで「怖い！」と感じた。その念が残り、次に来た人がその念を拾って「怖い！」と感じる。すると次の人も、次の人も……という具合に「怖いと感じる念」が積み重なって、やがて心霊スポットができあがる。場合によってはその念に引き寄せられて、本当に霊体が集う場所になることもあるという。

つまり、人の念によって作り出された心霊スポットというわけだ。

しかもこれは、実際の事故現場なども同じで、本当はその時に亡くなった人はもう成仏しているのに、人の念に引きずられて心霊スポットなんて言われる場所もある。事故で亡くなった人にとってはいい迷惑だろう。ちゃんと成仏できているのに（もちろん、実際に亡くなった人がそこに留まり姿をあらわす場合もあります）。

「へえ、そんなこともあるんだね」

「そ。だからタカみたいな怖がりがくると、どんどん霊体が集まってきちゃうわけ、ひひひ」

と、ワカが両手を前に出し、ユラユラさせた。だからそういうのはやめなさいってば。

ちなみにだけど、そういう場所にめちゃくちゃ明るい人がやってきて、

「うわー！　ここめっちゃ好きな場所だ！　なんか楽しい！」

と大笑いしながら時を過ごすことで、「怖い」という念を吹き飛ばして変に明るいパワースポットに変わってしまうこともあるという。うーん、なんかわかる気もするな。

子どものころに怖いと思っていた場所に久しぶりに行ってみると、「おや？　そうでもないな」ということがあったりする。

そういう場合は、長い年月の中で「怖い」という念が薄れていったことも考えられるのだ。それだけ人の念は強力ということ。

だからこそ、みんなが「楽しい」「嬉しい」と感じるような場所が増えていけばいいと、願わずにはいられない。陽の念に包まれた場所こそが、本当の意味でのパワースポットになるのだから。

どうせ作るなら心霊スポットよりも、みんなが元気になるパワースポットのほうがいい。僕はそう思う。

偽者が各地に出現？
「あそこにいなかった？」とよく言われる人はこのタイプかも

人の念について話してきたので、こんなお話もしよう。

「おまえ、昨日あそこにいなかったか？　声かけたのに無視かよ」

「え？　僕、そんなとこに行ってませんよ」

「じゃあ俺の気のせいだったのかな？」

そんな経験はないだろうか？　この場合、見かけたほうも、見かけられた（と思われる）ほうもどっちのパターンも、「あるある！」と叫んだ人、多いはず。

もちろん他人の空似というケースもあるけど、もしかするとそれは「人の念が具現化」したパターンかもしれない。

実はこれは、ワカがよく周りから報告された現象で、特に12歳から24歳までが多かった。

同級生から、

「ワカちゃん、昨日○○にいたでしょー。声をかけても気づいてくれないんだもん」

とか、

「先週、○○に旅行したんだけど、そこでワカを見かけたわ。行くんだったらひと言言ってくれればいいのに」

という感じで、「声をかけても気づかない」ことに苦情（？）がくることが多かったそうだ。

だけどワカには覚えがなく、言われた場所には行っていない。それでワカが否定するも、

「うそ～。あの服装であの雰囲気はあんた以外には考えられない」

と、キッパリ言われるんだとか。

その都度ワカは、「まったく迷惑な」と思いつつも「世の中には似てる人がいるもんだなあ、よりによって私に似てるとは気の毒に」って感じで流していたが、本人が言うように、ワカみたいな人がそう何人もいるなんて考えにくい（すまん、妻）。

で、今になって、それを思い返して考えてみたのである。するとそれぞれの話にある共通点を発見した。

「ワカがいた！」と言われた場所は全部、「彼女が行ってみたいと強く願っていた場所」だったのだ。

目撃されたのは、日ごろから雑誌を眺めながら、「ああ、ここ行きたい！」「よし、

今度行ってみよう！」と、強く思っていた場所であることに気がついたわけだ。

そこで、僕は守護霊たちに聞いてみた。

「そういう念が具現化して、見えることもあるんですか？」

って。

答えは「イエス」だった。

もちろん誰も彼もがそうなるわけではなく、その念が強ければ強いほど、そういうことは起こりうると。

こんな話をすると、魂が抜け出してまったく同じ人が存在するドッペルゲンガーだという人がいるかもしれない。魂が抜けやすくなる死の前兆だと、昔はよく小説の題材なんかにもなっている。

だけどワカはちゃんと生きているし、そこまで深く考える必要はない。

単純に念が強いと考えればいいし、念を飛ばすほど行きたい場所なら、実際に行けばいいだけのこと。そんな現象も起きないし、自分だって楽しい気分になるんだから。

それに、死の前兆なんて言われたら怖いし、嫌である。

ならば楽しく考えるのがいちばんだし、それが最も人生を豊かにする方法だと思う。

そして、やりたいことを素直に行動するようになった今では、偽ワカ出現の話も聞かなくなった。

そういえば僕も先日、東京の知り合いから、

「タカさん、こないだ日本橋で見かけましたよ。東京来るなら声かけてくださいよ」って、言われたなあ。いや、僕はここ最近東京に行ってないから「気のせいじゃないの?」って返したけど、そのころやけに日本橋にあるお店のフルーツパフェが食べたくて、パーラーのホームページを見ていた……。え、ということは、あれももしかしたら……?

他人への呪いは身を亡ぼす。実は日常に溢れている呪術のお話

ここまでは、無意識に飛ばしている人の念についてだけれど、意図的にそれを利用する場合もある。そう、「呪術」だ。ジュジュツ。うは〜、なんか意味深な響き。

ま、実際、呪術って聞くと「怖い」と感じる人が普通だと思う。だけどちょっと周りを見渡してみると、僕たちとソレは、切っても切り離せないことをご存知だろうか。

実は僕らは「呪術に囲まれて生きている」のだ。

例えば店先に出されている暖簾《のれん》。日本人は、働く場所を聖なる場所だと考えて俗世と区切る結界の役割で暖簾を出した。これもいわば呪術だ。皆さんがバッグに付けて

いるお守りだって、神仏を表す文字を書いて厄災を防ごうという護符や呪符とも呼ばれる、まさに呪術。七夕で願いごとをするのも、邪気を祓うとされる笹に願いの成就を祈る立派な呪術というわけである。

僕たち日本人は、知らず知らずにそんな呪術に頼り、そして守られながら生きている。

呪術の「呪」の字は、神仏の力で人々を守る「まじなう」という意味があるのだ。だけど、どんないいものでもそれを悪用する人が現れるのが世の常。

「呪」の字を「のろう」という意味で使おうとする人が必ずいるのである。

それを証明するように、平安時代初期に書かれた正史『続日本紀』には呪術で人を呪ったというたくさんの事件の記載があり、同時期に施行された法律「養老律令」では呪いによる殺人を「厭魅《えんみ》」という犯罪として明確に禁じているほどだ。

これからお話しすることは、そんな呪術に関する、ちょっとした怖い経験談である。

その日も、夕方からワカの顔色が悪かった。ちょっとした動作で息切れし、時おり胸を押さえるようにして顔を歪め、ゲホゲホと咳き込んだ。額には脂汗が浮いていた。

「大丈夫？　とりあえず横になりなよ」

心配だ。僕は彼女の背中をさすりながら声をかける。しかし、

「大丈夫、大丈夫。少ししたら治ると思うから。ちょっと疲れたんだと思う」

そう言ってワカは、顔の前で左右に手を振った。

ただ気になったのは、最近こういうことが頻繁にあることだった。特に夕方ごろから調子が悪くなって、夜中に悪化することが多い。昼間は調子がいいので病院で診てもらうタイミングを失い、ずるずると日々を過ごしていた。

しかし、その日は症状が悪化した。辛抱強い彼女が、胸が苦しいと悶えた。顔色も悪くなり僕は慌てた。

これはヤバい。本人は大丈夫とは言うが、病気だったらエライことだ。ただでさえ、彼女は血液を患ったことがある。すぐに動かねば。

急いでスマホを操作して、症状を打ち込んで検索をかけた。しかし、役に立ちそうな情報はない。僕は頭をかきむしって右往左往しながら、これはもう救急車を呼ぶしかないと思ったとき、

「タカ、ごめん、黙ってた。これ、病気じゃないのよ。なんかが来てて……」

「な、なんかが来てる？」

ま、また変な霊体でも来てるのか？　それはそれで困る、と僕が眉を八の字にして

戸惑っていると。

「ははーん、こら呪術やね。おまえさん、誰かに呪われたな。心当たりはないかえ？」

僕の守護霊、暁太夫がそう言った。そんなむちゃな。大体、ワカは基本いい人なんだよ、そんな人から恨みを買うようなことはあるはずが……。

「あるある、ありますー、このネチャッとした空気はたぶんあの人だ。ったく、まさか今でもこんなことやってたのかよ」

そう言ってワカが舌打ちする。

聞けば、最近、昔の知り合いたちの飲み会への誘いがあったらしい。ところがワカは気乗りしなかったので、正直に幹事役の友人に断りを入れた。その時はそれで済んだのだが、その数日後「ちょっと言いにくいんだけどさ」と、ある噂を教えてくれた。それを思い出してワカはピンときたのだ。

相手がわかったことで対策ができたからか、ワカは少しだけ落ち着いた。そして、枕元に置いてあるお守りを胸に当て、

「タカ、一緒に九字切ってよ」

と、僕を見た。

「う、うん。わかった」

九字とは、もともと古代中国の道教が起源といわれる呪文だ。日本に伝えられるなかで、陰陽道や修験道などと結びつき、それはやがて護身用の呪文として確立されていった。特別な修行をした人にはとても敵わないが、普通の人でも一定の効果はあると、僕は守護霊たちから聞いていた。

ええと、確か……リン、ピョウ、トウ、シャ……よし、思いだしたぞ！

僕は大きく息を吐くと、意識を集中させた。

「臨《りん》・兵《びょう》・闘《とう》・者《しゃ》・皆《かい》・陣《じん》・列《れつ》・在《ざい》・前《ぜん》」

決まった！

「もう一回っ」

ワカの声に従い、僕は、

「臨《りん》・兵《びょう》・闘《とう》・者《しゃ》・皆《かい》・陣《じん》・列《れつ》・在《ざい》・前《ぜん》」

どうだ！

しばらくすると、ワカの顔に血の気が戻ってきた。呼吸もちょっとずつ整い始める。

「いや～、まさかこんなことになるなんて……」

苦しさの余韻を残しながら、ワカが嘆く。聞けば、その人物はワカの古い知り合いだった。とはいえ、つき合い自体はないに等しく、それどころかウマが合わなくて、ワカは避けてきたのだという。

小学生のころ、一部の子たちの間ではやったおまじないの本があった。

魔法とかおまじないとかいう言葉に、意味もなくワクワクした時期は誰にでもあるだろう。

その中では、いいおまじないと、やってはいけないおまじないの両方が載っていたのだが、そのやってはいけないほうをやりたがる人物がいた。今回、ワカが思い当たった人物である。

ある日、そのやってはいけないおまじないを嫌いな先生に向けてやってみたところ、その先生が本当に事故に遭って大ケガをしたそうだ。それを聞いたワカは、ハッキリと「それはダメだよ」と言えなかった。相手が怖かったからか、まだ小さなコミュニティーで生きるしかない子どもだったからか。とにかく「いけないこと」であることはわかっていたのに、彼女は見て見ぬふりをしたのだという。心が痛んだけれど。

すると、その子は周りの友達から「すごいじゃん」と褒められ、上げ奉られたことですっかりその気になってしまった。

「あいつムカつくからやっちゃおうよ」と、友達同士で盛り上がるたびに、魔法使いのような特別な気分になって呪いのまじないを実行した。たぶん、その人物もそれなりの素質はあったのだろう。まじないはおもしろいように効いて、相手はそれとなく不幸な目に遭ったと。

あれから20年以上がたち、ワカはそんなことをすっかり忘れていたが、どうも彼女が最近その飲み会に顔を出すらしい。しかも、ずいぶん前からワカの悪口を言っていたのだという。幹事役の友人が教えてくれたのは、そのことだったのだ。

どうやら金持ちと結婚して悠々自適な生活をしているらしいとか、そんな暮らしだから私たちの飲み会なんかには来たくないんだとか。まあ尾ひれ背びれがついた話だろうけど、だいたい噂というのはそんなもんだ。

そして最後には「ワカばかりズルいよね」となっていたそうだ。

「ったく勝手なこと言いやがって！　３ＬＤＫローン返済真っ最中だっつーの！　給料日前にゃスカンピンなんだ！　モヤシ生活だぞ」

「そりゃ悪かったですね」と、僕は下唇を突きだした。

まあ、そんなわけで友人は、「誤解されてるから、一回顔を出したら?」「誤解を解いておいたほうがいいんじゃないか」と、心配して連絡をくれたらしい。じゃないとどんな噂を流されるかわからないから、とも。

「その人、今は何してるの？」

僕が聞くと、ワカがスマホを取り出した。そして、素早く操作すると
「これよ、これ」

と、僕に差し出した。そこにはSNSの画面が表示されていた。高級なレストランでの食事や高級車の前で撮った写真、ブランド品を身に着けたものなど、リア充をアピールするような写真が並んでいた。

「えっ、この人?」

僕が聞くとワカは頷き、

「とにかく昔から周りを羨む人だったのよ。だから自分だってと、こんな派手なアピールするんじゃないの? 人を巻き込まなければいいけど、こういう人はだいたい巻き込むんだよ、ダイ・メーワク!」

「なるほどねえ、表面と実際の腹の中は違う。どうしてあの子だけ幸運で! とか、なんで自分が不幸なのよ! なんて思いこんでるパターンか……」

僕はワカの意を酌んで言葉をつないだ。SNSに救いを求める人は意外と多いのかもしれない。

「世の中、みんな見えないところで大変なんだけどね。それに、悪いまじないは自分にもツケが回ってくることは知ってるはずなのに」

そう言ってワカがため息をついた瞬間だった。

ガタンッ！　と、壁に掛けていた絵が落ちた！

「ひえっ！」

ビビる僕。

「ようやくご本人登場のようやねえ。今はもう眠る時間だから、生霊さんが飛んできたさね」

暁太夫の言葉に僕は後ずさる。

「ま、まさか……、その本人？」

「この生霊さん、自分でやってることはわかっているようやよ。けど、どうしようもない。自分以外の誰かが羨ましくて仕方がない。時代が変わってもいなくならんのやねえ、こういう人は」

やれやれと、悲しげに暁太夫は言った。おそらく僕らが想像もしえない修羅場をくぐってきただろう暁さん。傷ついたこともあったのだろう。

わかることを解説してくれる彼女の言葉には、なんとも例えようのない悲哀を感じた。

生霊の言い分はこうだった。

まじないのせいで、家族が障害を負うことになったのも気づいていた。病気に悩まされる原因だってわかっている。人を傷つければ自分も傷つく。わかっていてもどうしても感情に逆らえない、やめられないのが人間じゃないか。自分のせいじゃない。なのに、どうして自分はいつまでも日の目を見ることができないのか。どうしてこんな目に遭うんだと、身勝手な感情ばかりが心を蝕んでいった。

そしてまた、やってしまったという。妬ましい相手に、呪いをかけたのだ。

そのころ、僕は地元で少しは顔を知られていた。県議会議員選挙に立候補した過去があったからだ。なんせ街の中に僕のポスターが貼られ、だいぶ派手に演説をしたから、おそらく多少は目立っていたんじゃないかと思う。

飲み会の席でたまたまそんな風変わりな亭主を持つワカの話になり、火がついたのだという。噂や憶測が自分の妬みでどんどん膨れ上がり、自分たちよりいい生活をしている。ムカつく。自分も目立ちたいのに悔しい。くそ、あいつ許せない！　そんなふうに思い込んでいったという。

そんなある時、地元の商店街でワカのことを見かけた。

「それが決定打だったようやねえ。きっと、おまえさんのことをキラキラセレブ妻やと勘違いしたんよ。実際は給料日前モヤシ生活だっていうのにねえ。まあ、世の中こんなもんさね」

気がつけばワカの体調はすっかり以前に戻っている。それと同時に、一陣の風が吹いたような気がして、なにかが悪いものを飛ばしてくれたように感じた。気のせいかもしれないけど、そう感じたのだ。あ、はね返したな、と思った。

当然、やってはいけないおまじないをすれば、そのツケは自分にも回ってくる。相手にはね返された場合は当然、倍のツケを払うことになるわけで。

「ちなみに彼女はどうなっちゃうんですか？」

僕は恐る恐る、暁太夫に聞く。

「死にはせんねえ。だけど生きた心地はしませんわなぁ〜」

そう言うと意味深な笑みをたたえながら、「詳しく聞きたいかえ？」

「い、いえ、けっこうです」

僕は丁重にお断りする。世の中には知らないほうがいいこともある。

それにしても、無事でよかった。僕は床にあぐらをかいて、心からそう思った。

ワカが愛しそうに、お守りをなでていた。

「だけど、まさか自分がまじないで苦しめられるとは思ってもみなかったわ」

そう言ってため息をつく。そりゃそうだ。まさかそんなことがあるとは、僕も思わない。

「おまえさんの場合は、そういう念を受けやすいから気をつけやい。裏を返せば、だから手遅れになる前に気づけたともいえるんよ」

多くの人は、まさかそんな呪術がかけられたとは思うまい。恐ろしい……。

「そういうときのために、お守りを身に着けるのはいいことかもね。九字の切り方も覚えておくのがいいかも。ちょっと調子が悪いときや変な感じがしたら、安心にもつながるし」

ワカの言葉に僕も同意する。

そして、前に人の念について教えられたときのことを思い出す。

「こういう呪いに対しても、周りの人の笑顔がバリアになったりしそうだね」

僕の言葉にワカが頷く。

「結局はそういうことなのよね。守護霊様もそう言ってる」

その出来事をきっかけに僕たちはより一層、周りの人に喜んでもらうことを意識し始めた。みんなの笑顔こそが、この世でいちばんの「守りのまじない」になると知ったから。

人の念や呪術は時代を超えて……。テレビを通して感じた念

そんな人の念とか呪術だが、これはリアルタイムで起きるだけではない。時代を超えて、影響を及ぼすことだってあるのだ。それはある時、テレビからある念を感じたことから始まった。

夕食の最中、ワカが唐突に言った。

「悪いけどタカ、テレビ消してもらっていい？」

「いいよ、なんかマズかった？」

ピ。

僕はリモコンをテレビに向けて、スイッチを押す。

テレビ画面には、「戦国武将の秘密を暴く」というような番組が流れていた。その日のテーマは明智光秀。「テレビ初公開！」「本来は非公開ですが今夜は特別に！」と言いながら、カメラを回す映像がバンバン流れている。画面には、戦で必ず身につけていたという仏像の映像が映し出されていた。

「世の中、暴かないほうがいいこともあるじゃん？　命を賭す時代に生きていた武将なら、知られたくないことは多いだろうしさ……」

から揚げをモグモグしながら、妻は言った。

「まあ、確かにそうだね。それが、自分が大事にしていた神仏に関するものなら、なおさらそうかも」

「だから、どうもこの手の番組は苦手なのよ。歴史の見てはいけない部分まで、いわばプライベートまで深掘りするのは嫌いなの」

そう言って眉間にシワを寄せ、首を横に振る。どうやらそんな念が、テレビ画面を通して伝わるのだという。見ないで！ってことだろうか？　そして、僕はハッとする。

「そういえば、今年の大河ドラマはいろいろとトラブル続きだったよね」

女優の交代で撮り直しになったり、コロナ禍で撮影が中断したりと、評判はよかったにもかかわらず、順調にはいかなかったのを思い出す。

「まさかとは思うけど、明智光秀の思いも影響してたりして」

さすがにそれは考えすぎだよな、と思いつつも、僕は昔読んだ漫画を思い出していた。

それは僕が見えない世界のことが知りたくて読んでいた、つのだじろうさんの『うしろの百太郎』だ。漫画とはいえ、霊能者を取材して独自の見解をストーリー仕立てにしているので、子どもの僕にもわかりやすく、それこそ夢中になって読んだものだ。

なにより、テンポよく進む物語が、ものすごくおもしろかった。

その中で、僕が異常に惹かれた話がある。それはファラオの呪いについての記述だった。

1922年に発掘されたツタンカーメンの秘宝はあまりにも有名なので、知っている人も多いだろう。かくいう僕も当時、仙台駅前のエンドーチェーンというデパートで開催されたツタンカーメンの秘宝展に連れてってもらい、来場者プレゼントの小さなツタンカーメンのマスコットに、

「こんな貴重なものをくれるんだ！」

と、心臓がバクバクなったものだ。金型で大量生産した安物だと今ならわかるけど、タカ少年は目を輝かせてそのマスコットを見つめた。ああ、あのころの僕は無垢だった……。

さて、問題はその発掘に関わった人たちが、相次いで謎の死を遂げたことにある。

スポンサーのカーナボン卿が熱病で亡くなり、その瞬間カイロ中の明かりが消え、その原因はついにわからなかったそうだ。さらに同時刻にカーナボン卿の愛犬が故郷イギリスで苦しそうに吠えて死んだ。その後も発掘に関わった関係者が次々と謎の死を遂げたことで世界中で話題となり、「ファラオの呪い」とまで言われるようになった。

とはいえ、それぞれの死因と時刻などの因果関係はない。つまり「偶然」だったとされている。そして、その最大の証拠として発掘した本人、考古学者のハワード・カーターがその後も生き続けていたことが挙げられた。

ただ、そこでこうは考えられないだろうか？

他の人たちとは違い、カーターだけは純粋に研究者として、本気でツタンカーメンの謎を解きたいと思っていた。

そんな志で発掘に挑んだ彼は、のちに『ツタンカーメン発掘記』を全三巻にまとめて出版し、その後も古代エジプトの謎を解くことに人生を捧げた。

ツタンカーメンをはじめとする歴代のファラオたちが、その存在を世界に知らしめてくれた彼の功績を、認めてくれたのかもしれない。

「たとえ死んでも人は人。過去に亡くなった人に対しても、敬意を失わないことが大事なんだ」

子ども心にもそう感じた記憶が、鮮明に蘇ってきた。

そしてもう一度、番組を思い返す。

歴史のことをちゃんと理解していないタレントが、番組を盛り上げるために面白おかしく歴史上の人物の愛用品を取りあげる。本来、撮影禁止の神仏をバンバン映し出す。そこにはかつてこの国で一国の大名として活躍した武将に対する敬意はみじんも感じられない……。

「こわ」

思わずそんな言葉が口をつく。そして、箸を置いて僕は言った。

「人の念や呪術の恐ろしさを知った今となっては、こんな戦国時代の武将の念がこもったものを軽々しく扱うなんてできないよ」

「そうよね。どんな人にでも敬意をもって接する、それが大事なのだと思う。生きている人でも、死んだ人でも」

真剣な顔でそう言いながら、ワカはサトイモの煮っころがしを箸でつかむ。

「おっ、我ながら良いデキだわ。なんだか、シャレコウベみたい」

煮っころがしを見つめて、イヒヒと笑った。

死んだじいさまがやってきた？
名前に隠された意外すぎる真相とは？

まあ、そんな感じでこの章では、死んだ人の霊体とか、生きている人の念のお話をしたわけだが、最後にちょっとした話をひとつ。これは、皆さんがいちばんイメージしやすい霊体じゃないかと思うのだが、いわゆる死んだじいさまがやってきたって話。

まあ、それだけ聞くとすごくいい話のように思うかもしれないけど、世の中はそんな物語のようにはいかない……。


「ほいほい、起きんかえ」

深夜、「あの気配」で起こされると、暁さんがいた。で、隣には50歳くらいの男性がピースサインでこっちを見ている。

「し……失礼ですが、どなた？」、おずおずと尋ねるワカ。ま、そりゃそうだ。突然現れるピースサインの見知らぬ男。しかもソーシャルディスタンスを微妙に保ちつつ、with守護霊、新しい生活様式、ああもう、僕は何を書いているんだ！

「まさか、おまえさん。自分の祖父をお忘れかえ？」

暁さんがワカに言う。

「ってことはワカのおじいさん？」

「ええ？　この人が？　もっと渋くてカッコいい人かと思ってたのに」

って、オイオイなんつーことを言うんだよ。

ワカの祖父は、ワカの父が子どものころに亡くなっているので、ワカは会ったことがない。そして、戦後という時代ゆえ、まともな写真も見たことがないそうだ。

「久しぶりやな、我が孫よ」

自称ワカのおじいさんは、愉快そうに笑った。

「久しぶり？　私、じいさまに会ったことないんだけどな」とワカは首をかしげる。

「なに言うとる？　ばあさんが死んで間もないときに、向こうで一回会ったろう。ほれ、おまえが折り紙で指を切ったとき……」

「ああ～、あの時におばあちゃんと一緒にいたおじいさん！　やっぱり私のじいさまだったのか！」

と、霊体の祖父と孫は、妙な再会を喜んだ。

「我が孫よ。おまえワシに似て、なかなか愉快な人生を歩んでいるようじゃないか」

じいさまはヌハハと笑う。しかも、懐からタバコを取り出すとプカプカ吸い始めた。

「……」

呆気に取られる僕たち。とりあえず、ほっぺたをツネってみた。うん、痛い。

おじいちゃん！　と生まれる前に死んだ祖父を前に泣いて喜ぶとか、「かわいい孫娘よ」と、思い出話を切々と語ってくれるとか、そういう感動的な対面ではない。

はたまた僕たちの知らない、ご先祖様の遺産の在りかを教えてくれるとか、過去のマル秘話をしてくれることもない。

じいさまはタバコをふかしながら、暁さんにお礼を言った。

「いやあ、助かりましたわ。なんせわしゃこの世に明るくないもんで、あのまま迷子になってたらどうなったことやら」

「あの、暁さん……これはどういう？」

僕の問いかけに、暁さんは自分もキセルをプカプカしながら答える。

「なんもなんも、この殿方が孫に会いに行くつもりが迷子になってしまったとフラフラ徘徊されてたんよ。聞けば、どうもおまえさんらの知り合いらしい。面倒やから、ご一緒しますわってお連れしたんさ」

「そりゃお手数をおかけしました、よくわかんないけど、私のじいさまが……」

ワカが律義に頭を下げた。

「で？　おじいちゃんはさ、一体何でここにきたわけ？」

「まあ、心のつっかえを取るためだわな。それから、単純に今の世の中を見たかったというのもある。まあ、世の中の便利になったこと。電話は一人一台やし、食べもんは豊富やし、病気になれば医者がすぐに診てくれる。わしが若いときなんぞは……」

それから、じいさまのよもやま話が始まった。

関西で生まれたが、家の事情で苦労したこと。ワケあって養子に出され、そのうえ丁稚奉公にも出されたが、おもしろくないので逃げ出したこと。放浪の旅で、全国津々浦々を訪れたこと。そして、最後に仙台の地で伴侶と出会って家族を持ち、それなりに成り上がったことなどを、生きているときに会えなかった孫に話した。暁さんも愉快そうに笑っている。

やがて、じいさまは感慨深げに、

「しかしまあ、わしの希望がこんなかたちで叶えられるとは夢にも思わんかったわい」

「希望？」

「なにそれ、なんのこと？」

僕とワカが矢継ぎ早に聞く。

すると、じいさまは頭に手をやり、

「名前のタネ明かしや。実はわしゃ、自分にもしも娘が生まれたら「ワカコ」という名前にしようと思っていたわけよ」

それを聞いてワカが「あ、その話ね」と、ポンと手を叩いた。

「聞いたことがあるわ。お父さんが『親父がつけたがっていた名前を俺がつけよう』

と言って、私の名前をワカコにしたって」

ワカの父親の兄弟には何人か娘が生まれていたが、誰もその名前をつけられていなかった。そこでワカの父が「んじゃ俺が自分の娘につけるわ」と叶えたのだ。死んだ親父の願いだったから、と。

そういえばワカは小さいころに「和やかな香り漂う女性に育ってほしいという死んだおじいちゃんの願いが込められている」と聞かされていたそうだ。うーん、なんともいい話ではないか、と僕は瞳を閉じて何度も頷く。こんなかたちで、じかにおじいさんの喜びの声を聞けるのだな、と思った。

しかし、である。じいさまの口から発せられたのは驚きの真実だった！

「それがな、どうもいい話ふうになってるが、ワカコさんというのはワシの初恋相手の名前なんやわ。それがどーも、間違って伝わってると思うと、心苦しくてなあ」

えええ！　なに？　その突然のロマンス！

「初恋というか憧れだわな。なんとも神秘的な娘さんで、親切でなあ。ずーっと、心のどこかで気になっていたんや。ほんでまあ、娘が生まれたらワカコっちゅー名はどうやろと言うたが、娘たちはどうもワカコという雰囲気じゃなかったんやな。なにより婆さんに叱られそうやったし、ヌハハ！」

「ほほほ、おもしろいおじいさまやねえ。あれま、おまえさん、大丈夫かえ？」

暁さんの声で我に返ると、ワカが隣で白目を剥いていた。

まさかの告白。まさかの真実。

ああ、真実を伝えられてスッキリしたわと、のんきに煙を吐くじいさまを見ながら、

「知らないほうがいい真実もある」

僕はこの言葉をもう一度、噛みしめていた。

人の念について知ったときもそうだった。過去の人だって知られたくないことはあるし、知らないからこそ生きている人間にとっていいこともある。

例えば「坂本龍馬」という人物がいる。明治維新の立役者であり、時代の風雲児というイメージが根強く、今でも憧れる人の多い歴史上の偉人だ。

だけど、こういうイメージは司馬遼太郎さんの『竜馬がゆく』のイメージが強く、創作だという人も多い。歴史学者の中には、彼は武器商人グラバーの操り人形にすぎず、大した人物ではなかったという人までいるのも事実だ。

だけど、「英雄、坂本龍馬」という人物像のおかげで、日本人は勇気をもらえ、強く生きてこられたならば、「坂本龍馬は英雄だった！」でいいのではないか。

事実がどうだったかではなく、みんながどう思っているかが大事。そして社会にど

んな影響を与えたかのほうが大事だから。

だから明智光秀の人物像も、謎のままのほうがミステリアスで、みんなの興味をそそって楽しいのではないか？　たくさんの創作物も作られ、それでみんながワクワクするならば、謎だからこそ僕たちの中で生き続けることになる。

そしてそれは、大きな歴史ばかりじゃなく。僕たちにとって身近な出来事だってそう。

真実がわからないからこそ、美しい記憶として残るのだ。

そう、自分の名前の本当の意味だって……。

ただ先人の思いという名のデオキシリボ核酸、すなわちＤＮＡは、こんなところにも残っている。遺伝子は必ずしも肉体だけのものでは、ない（笑）。

第5章

怪しくも賑やかな……妖怪？ 精霊？

～この世は肉体がある存在のほうが少数派らしい～

遠野で出会った奇妙な存在の正体は?

そんな感じで、僕との出会いをキッカケにワカの「目」はどんどん開いていった。というか、いろいろな感覚が研ぎ澄まされていったのである。そうなると、苦しいことのほうが多いのは前述したとおりだ。

しかしそれも、ある時期を境に変わってくる。少しずつ自分でコントロールできるようになると、コンタクトが取れる存在の質も上がっていった。はじめは死んだ人の霊体とか、嫌な念とか、そういう格の低いものばかりが目に入ってきたのだが、自分たちを守ってくれる霊体や、いい影響をもらえる存在に出会えるようになったのだ。

だから当然、同じものを見ても反応の仕方はまったく違うものになった。

結婚して間もなく、岩手県の遠野市を訪れたときのことだ。

遠野といえば、河童や座敷童などの妖怪が登場する民話のふるさととして有名な町である。民俗学者・柳田國男の『遠野物語』の舞台にもなっている。そんな妖怪の息づく町を訪れたのも、今となっては必然としか言いようがない。

当時の僕たちはまだ若く、というか未熟で、この「見える」「聞こえる」という感覚を、それだけですごいことのように思っていた。

ある建物のトイレでの出来事である。ワカが、

「尿タンクが満杯だ！　漏れるっ！」

と、レディーにあるまじき単語を並べて、トイレに駆け込んでいった。

僕は「人前で言っちゃダメだぞ」と心の中で呟きつつ、ワカを待っている間、建物内に設置されていた土産物売り場を眺めていた。河童や座敷童といった妖怪をモチーフにしたアクセサリーや置物、民話を綴った冊子が並んでいる売り場に、好奇心をくすぐられる。僕は意外とこういうのが嫌いじゃない。

僕は河童のキーホルダーを手のひらに載せてみた。「うん、いいじゃないか」と、そのキーホルダーをレジに持っていく。河童はこの町のイメージキャラクターらしい。ウキウキしながら店内を見回っていると、ワカが小走りに戻ってきた。

「あ、終わった？」

ま、なんか変な聞き方だが勘弁してほしい。

ところが、僕が声をかけるや否や、ワカは僕の腕をグイッとつかむと眉間にシワを寄せて、

「な、なんかいたわ！　なにあれ？　急いで尿タンクを空にして逃げてきた」

と、妙な言い回しを織り交ぜながら訴えてきた。

「えっ、なんかって何？」

「わかんないよ、とにかくトイレの個室になんか妙なモノが動いてたんだってば！　怖かったー」

そう言って足早にその建物を後にした。

それから数年が経ったある日、久しぶりに遠野へ行こうということになった。そのころになると僕たちもさまざまな経験を積み、ワカもずいぶん自分の力をコントロールできるようになっていた。

仙台から車を飛ばして３時間ほどで、遠野の町に入る。僕は町の中心部にある駐車場に車を停めた。そこは、以前ワカが「怖い！」と叫んだ思い出のトイレがある場所だった。

するとワカが、

「あ〜、尿タンクがいっぱいだわ。ちょっとトイレに行ってくる」

と、素早く車から降りると、建物に駆け込んでいった。どうやらここはトイレが近くなる場所らしい、と含み笑いをしつつ、

「さて。長い時間を経て、あの時わからなかったものの正体がわかるかな？」

と、ちょっと期待をしていた。

あの時と同じように、僕はお土産を見て回る。

しばらくしてワカがハンカチ片手にトイレから出てきた。心なしか、その仕草は落ち着いていて、堂々と見える。

「どうだった？　前に来たときはこのトイレでだいぶ怖がってたけど」

僕が声をかけると、「ああ、そういえばそうだった」と、ワカがトイレを振り返り、

「私ったらあんなのを怖がってたのね。あんなのただの雑念の残骸じゃん。悪さをするわけでもなし、するほどの力もない。屁みたいなものよ」

と、ハンカチをポケットにねじ込んだ。

だから、あまりお下品な言葉を使っちゃいけません。キミの名前は、和やかな香り漂う女性になってほしいという願いが込められて……あれ、違ったかな？

だけどこの出来事でわかったことがある。

霊体などの見えない存在は、その多くが経験を積むことができない。だから成長することもないのだ。つまりは、ずっとそのまま。

それに対して人間は、人と関わり、社会で生きるなかで経験を積んで成長していく。何かに挑戦することも、好きなところに行くことだってできるのだ。それは生きているから、肉体があるからできること。

ワカは時間をかけて成長していった。しかし、トイレにいたものはずっとそのまま。経験を積まなければ成長することもない。だから、ワカはいつの間にかそれを怖いと感じないほどに成長していたということ。

人は生きているからこそ成長できる。それを学んだ出来事だった。

僕は、「この世界は深いなあ」と、ひとりで感心していると、

「そういえば言ってなかったんだけど」

と、ワカが語りかけてきた。

「さっき寄ったコンビニのトイレでさ、タカ、しばらく引きこもってたじゃん？」

「うん。遠野に入ってからなんだか腹の調子が悪くなって、トイレを出てからも、『あ、もう少し』って入り直したんだよ。それがなにか？」

「実はあの時トイレの中にいた何かに、タカが気に入られたみたいでさ。おいでおいで〜ってされてたんだよ」

そう言って手招きをする仕草をしつつ、舌を出した。

マジかっ！　僕はその時のことを思い出してブルルとする。

「や、やめてよ！　っていうか、その時に言ってくれ」

「じゃあその時、『あそこにいるよ〜』って言えばよかった？」

「うーん、トイレには行きたかったし……。やっぱり言わぬが花かも」

悩んだ末に僕が言うと、ワカが「でしょー？」と笑った。

なるほど。余裕ができると、危険じゃないと判断したらあえて言わない選択もあるわけか。ってことは、あえて僕に言ってないこともまだあるということ？　ひえ～！

もしかしたら、僕の周りに今もいるの？


日本に息づく不思議な生きものたち。

実は肉体のある者の方が少数派なんです

さてさて、僕が入ったトイレに何がいたのはわからないけど（というか、あまり考えたくない）、ワカが出会ったのはもしかしたら妖怪の類いだったのかもしれないと、今となっては思う。

というのも、それから奇妙な生きものとの遭遇が増えたのだ。

というか、ワカはいちいち僕にすべてを報告しているわけじゃないから、それを教えられたのはだいぶたってからだった。二度目に遠野に行ってから、けっこうな時間が経過したころである。

「このキュウリのぬか漬け、うまいね。パリパリ」

僕は穏やかな気持ちで夕食を食べていた。ここ最近はずいぶんと落ち着いていた。普通に働いて、普通に暮らして、普通に悩んで、大きな変化はないけれどとても幸せだった。

なんせ、数年前までは地獄だったのだ。苦しいことや大変なことが多すぎて、途方に暮れるときもあった。もちろん、その都度さまざまな見えないものの存在が「頑張れ!」と、エールを送ってくれていたんだけど。

穏やかなときは、僕の心を満たしてくれた。いいなあ、この穏やかさ。これが幸せってもんだよ。僕はニコニコして、肉じゃがに箸を伸ばした。

「ところでワカ、最近変わったことはない?」

「大した変化はないわよ。家の中を河童が歩いてるくらいかな。めっちゃ小さいのがテケテケと」

「ぶっ!」

突然の告白に僕は、口に含んだ味噌汁を吹き出した。

「ゲホッゲホ! か、河童?」

僕は口の周りを拭いながら、息を整えた。

「そう。15センチくらいのが、たまにリビングを通り抜けてくのよ。こんくらいのが」

そう言って、親指と人差し指で大きさを表した。

「河童って、あの頭に皿がある緑色の？」

と、僕は空いた皿を頭に乗せた。

「それ以外に河童っているの？」

「まあ、たぶんいないと思うけど」

「それでさ、その河童がこないだ倒れてたのよ、リビングで。いや～ビックリしたわ」

うんうん、それで？　それからどうした？　僕は顔の筋肉を使って、笑顔を作った。

「あの日は真夏日で、ずっと雨も降ってなかったから脱水症状かも、と思ってさ。試しに皿らしきところに、水をかけてみたわけ。そうしたら立ちあがって、また歩きだしたのよ」

やっぱり頭の皿が乾くのはダメなのね、とワカが深く頷く。僕は気持ちを落ち着かせるように、コップの水をゆっくり口に含む。水を飲むと気持ちが落ち着くことは科学的にも証明されているらしいが、この動揺はなかなかおさまらない。

「なんで言わなかったの？」

僕が気持ちを落ち着かせるように聞くと、ワカは両手を広げて「だって」と首をかしげる。

「タカ、仕事が忙しそうだったし、今回任せられたのはデカいプロジェクトなんだって張り切ってたじゃん。いちいち言わないわよ。それにさ、河童の登場に特に意味はないだろうなって思ったから」

さりげなく言う彼女の言葉に僕はハッとする。意味？　そうだ、これに意味は必要なのか？　僕は箸を置いて、ひとしきり考えを巡らせる。

よくよく考えてみれば、だ。

これまで生まれて死んでいった人たちがすべて霊体になったらと考えると、膨大な数になる。ある調査結果によれば、人類が誕生してからこれまでに1000億人を超える死者がいるという。人間だけでこれだけの数なんだから、動物の霊に神様仏様、妖怪に精霊の類いまで加えたら、果たしてどれだけの数になるのだろう？　きっと天文学的な数字、いや、それすらも追いつかない途方もない数字になるはずだ。だとしたら、僕たち肉体を持って生きている存在のほうが少数派……。見えない存在がそこかしこに、ただ息づいていたってなんの不思議もない。

僕は腕を組んでひとつ頷く。そして口を開いた。

「キミの言うとおりだ。身の回りにそんな見えない存在がウロウロしていても、不思議じゃない」

そう。地球上に生きるものすべてに「生きている」というだけで意味があるように。見えないものだって、「ただそこにいるだけ」で充分意味があるのだ。

街中にはたくさんの人が溢れている。その一人ひとりに、

「あなたが今ここにいる意味はなんですか？」

と問いかけて、一体どれだけの人が明確な回答をするだろうか。

そう考えたら、リビングに河童がいたって全然不思議じゃ……、

「あらま、また歩いてる。は？ 2匹になってる！」

ワカが驚きの声を上げた。

「へえ……。きっと彼女が一緒なんじゃない？ しばらくすると結婚して、そのうち子どもたちも一緒に歩いているかも」

僕はそう言って、キュウリのぬか漬けをパリパリと食べた。

日本は八百万の神々の国というけれど、そこにどんなものがいたって不思議ではない。そもそも神仏と妖怪を切り分けたのだって僕たち人間たちの都合であり、もとは同じ「見えないもの」だったのだから。

地方の神話をまとめた「風土記」の中には妖怪と思える存在がたくさん出てくるの

がその証拠ではないだろうか。『常陸国風土記《ひたちのくにふどき》』に登場するダイダラボッチは、自然を創造する巨人として各地に伝承が残り、夜刀神《やつのかみ》は頭に角が生えた蛇体の様相で現れる。その容姿はまさに妖怪そのものだ。それを後年になって「これは神様」「これは妖怪」と区切りをつけたに過ぎない。

そんな見えないものすべてが崇高で、なおかつ日本人と共に生きてきた。家に住み着き幸福を招く座敷童も、川に潜み人間にいたずらをする河童も、すべてのものが仲良く生活しているのがこの日本というわけだ。

そう考えると、この国は奇妙で怪しくて、とても楽しい。

何ごとも楽しく考えるのが、いちばんである。

幸運を呼ぶ小さな女の子、座敷童の真実

トントン。

深夜の寝室である。どこからともなく壁を叩くような音が響いて、目を覚ました。

グーグー。あ、こりゃ、ワカのいびきだ。じゃ、空耳か？

トントン、トンッ！

また聞こえる。今度は少し音が大きかったせいか、ワカも目覚める。

「な、なんだろう？」

はじめは気のせいかと思ったけど、ワカも起きたわけだから、本当に聞こえているのだ。僕らは体をひねって上体を起こした。

「なにか、いる？」

と、ワカがドアのあたりを指差した。

すると目には見えないふすまがスーッと開くような雰囲気があり、ほうじ茶色の和服を着た小さな女の子が、おぼつかない足取りで姿を現した。

「わっ！」たまげる僕ら。

女の子はヨロヨロしながら足を踏み出し、そしてスローモーションのようにゆっくりと倒れ込んで……くるかと思ったが、ピタリと止まって部屋に視線を巡らすと、ベッドの位置を確認し、そこに突っ伏すようにバフッと倒れた。

この計算チックな行動に僕たちは一瞬顔を見合わせたが、とりあえず「だ、大丈夫？」とそろって声をかけた。

彼女は、「お花」と名乗った。いわゆる座敷童だという。

座敷童といえば、住みついた家や目撃した人に幸運をもたらすという子どもの妖怪だ。主に東北を中心に逸話が多いが、四国の赤シャグマや沖縄地方のキジムナーなど、名前や姿を変えて座敷童の仲間は全国にたくさんいると言われている。

聞けば、これまで長い間、兄とふたりで長く住んでいた家があったのだが、2カ月ほど前にその家を出たのだそうだ。そして、住むべき家を探し回っていたという。たまたまもらったおはぎがあったので、「食べます？」と聞くと、喜々としてそれを頬張りながら彼女は話してくれた。

「あんちゃんはすぐに新しい家が見つかったんだけども、私はなかなか見つからずで。いい家を見つけたと思っても、すぐに住めなくなりまして……」

ため息をついて、目を伏せる。

「住めなくなるって？」

「話すと長くなるんだけども、私たちが住むとその家には幸運が訪れるんですよ」

ふんふん、それは座敷童として広く伝わっている話だと、僕も頷く。有名なことだ。

「だけど、そこに邪心が芽生えるともうダメ。もっと金儲けをしたいとか、幸運を独り占めしようとか。その家の人がそんなことを考えだすと、私たちはそこには住めなくなっちゃうんですよ。こう、自動的にはじき出されるっていうか、これまでの家もみんなそうで……」

そう言うと最後のおはぎをパクリと丸飲みした。

座敷童が住む家には条件があり、「その家の人が、決して驕らず周りの人たちの幸せを願える人」だそうだ。つまり、座敷童がもってくる幸運を独り占めせずに、みんなに分け与えられる人でなければ、座敷童はやってこないし、そこに住めないらしい。

そんな条件があるのでいい家を見つけると、その家が住むのに適しているかテストしてみるのだという。彼女がその家に入ると、もちろん幸運な出来事が起きる。例えば、宝くじに当たるとか、いただきものが増えるとか、仕事が妙にうまくいくとか、そういうことが突然やってくる。

だけど多くの人が、それで人が変わってしまうのだという。欲が出て幸運を独り占めしようとしたり、ちやほやされて自分が偉くなったような気になってしまうそうだ。

最初に見つけた家はジャンケンで負けて兄に譲り（なかなかアナログでリアルな生き残り方式である）、そのうち見つかるだろうと気楽に考え、観光も兼ねてエンジョイしていたがなかなか条件をクリアする家が見つからずに、60日ほど彷徨い途方に暮れていたという。そして、ついに力尽きアスファルトの上に倒れ込んだとき、小さな河童がテケテケと歩いているのを見て仰天したらしい。まさか、河童に会えるとは！

「おーいおーい」と、声をかけてその河童に事情を話すと、僕たちの部屋に案内されたという。

「なんか、駆け込み寺みたいね、うち」

「そうだね、霊界保護所みたくなってるね」

おはぎで少し力を回復させたのか、お花ちゃんは立ち上がり、ぺこりと頭を下げた。

「ごちそうさま。ありがとう」

「お花ちゃん、これからどうするの？」

ワカが彼女の身を案じて聞いた。お花ちゃんは困った顔でこちらを見ると、

「もう少し頑張って探してみます……」

そうか、そうだよな。

「と、言いたいところですが、もう歩き回るのに疲れたので、どこかいい家を知りませんか？」

と、真っ向から聞いてきた！

「ねえ、お花ちゃん。あの、ここじゃダメかなあ？」

座敷童なら大歓迎だ。こんなチャンスはめったにないぞ。幸運幸運、うひひひ。

「こんな大きな鉄骨の建物は無理ですね。いっぱい人が住んでいるようですし、それに……」

「それに、なに？」

「今、邪な思いを受けました。失格です」

お見通しか！　さすがは座敷童、恐るべし。僕はポリポリとこめかみを掻いた。

「まあ、タカの邪心は今に始まったこっちゃないからいいとして……木造一戸建てのほうがいいみたいね。どっかなかったかなあ」

ワカが言う。古い日本家屋で人間ができた人が住む家か、と僕も考えを巡らせる。最近はマンション住まいも多い。

僕はお花ちゃんの前にある皿を見つめた。おはぎが乗っていた皿だ。その時、閃くことがあった。

「おはぎ名人の彼の家はダメかな？」

隣町に住む五郎さんは、昔からの知り合いだ。破天荒な荒くれ者だが、心優しく、周りの人からも愛されている。金儲けは好きだけど、どちらかというとそれでみんなに振る舞って喜んでもらうのが好きだという印象がある。このおはぎも、彼があんこから手作りしているもので、近所に配ると皆がものすごく喜ぶ。僕もそのひとりというわけだ。

翌日、お花ちゃんを連れて五郎宅へ行った。とはいえ、まさか「座敷童を連れてきた」とは言えないので、名目はおはぎのお礼ということにした。

彼は快く迎え入れてくれ、そこでもおはぎを振る舞ってくれた。お花ちゃんを見ると、満足そうに腰を下ろしている。うん、こりゃ大丈夫そうだ。僕とワカは、ホッとして目を合わせた。

僕たちが五郎さんの家を後にするとき、彼の背後でお花ちゃんが「ありがとさん」と手を振っているのが見えた。

「どうかこの家に、無事住めますように」

僕は心の中で、そう呟いた。

「赤は注意」。座敷童が去り際に教えてくれた見えない者たちのルールとは？

それから3カ月ほどがたった。どうやらお花ちゃんは、いいすみかを手に入れたということらしい。というのも、五郎さんの家でラッキーなことが立て続けに起きているからだ。

釣りに行けば大漁だとか、息子の結婚が決まったとか、先日は少額ながらも宝くじまで当たったらしい。まったく羨ましい。

そしてそのたびに嬉しそうに「ほーら、振る舞い酒だ。まあ飲んでくれ」と言っては、僕の好きな日本酒を置いていく。彼の口癖は、「仕事は楽しく、遊びはもっと楽しく」。無類の遊び好きともいえるが、だからこそ楽しみは人と分かち合ってこそ、と本能で知っているのかもしれない。

「お花ちゃん、いい家が見つかってよかったよね」

「まったくよ。あれで、座敷童が出ていった後だっていうなら苦情もんだわ」

と、僕らは笑った。

古くからの言い伝え「座敷童が出ていった家は没落する」という噂は本当である。というより、その家の人が欲に目がくらんだ結果だから、本来の姿に戻るだけという言い方もできる。なぜなら、そういう人はろくな結果をもたらさないはずだから、衰退に歯止めをかけてくれていたものがなくなれば当然というわけだ。

かつて、お花兄妹が住んでいた家もそうだったという。長くいたその家では座敷童の目撃も相次いだことから、「座敷童がすむ家」として近所でも有名な家であった。名家として家は大きくなり、手がけた事業も次々に成功し、代々栄えてきたという。ところがその家の事業は、代替わりにつれて、利益優先に経営方針を変更していった。

特に２００８年のリーマンショック後は、「顧客に喜んでもらう」という意識がいつの間にか「低コスト・高利益」へと変貌。世の中の悪い流れにどっぷり浸かり、派遺切りなども横行していった。その家の人たちの心が荒んでいくのは当然だった。

そして兄妹は、その家を出ていかざるを得なくなった。

家から立ち去るときに一度振り返り、

「残念です」

そう言った彼女の肌は、赤くなっていたという。

それから数年、その家の事業がどうなったかは言うまでもない。


そして、僕たちが五郎さんの家を紹介してから数年が経過した。

五郎さんの家は相変わらず笑顔が絶えず、商売も順調のようだった。そんなとき、あの大災害がこの街を襲ったのだ。２０１１年3月11日。そう、東日本大震災である。

大きな地震に襲われたものの、僕たちの住む地域はギリギリで津波の被害を免れた。とはいえ、この仙台市若林区は6割が津波に呑まれたことを考えれば、どれだけの状況だったかは想像できるだろう。

僕はその時、40キロ離れた、当時勤めていた会社にいた。

アスファルトが波打ち、ところどころひび割れができた駐車場に避難しながら、仙台の自宅や気仙沼の実家を心配していたのを思い出す。

信号機もすべて停止した混乱状態の中、仙台の自宅にたどり着いたのは日付が変わるころだった。いつもなら1時間ほどの道のりを、8時間もかかったことになる。

気仙沼の実家には連絡がつかなかったものの無事を信じ、まずは仙台のワカの実家の無事を確かめると、知り合いの家を回った。被害の大小はあったが、概ね近所の人たちが無事であることに安堵した。しかし驚いたのは、五郎さんの家を訪れたときだ。

周辺の家はすべて、電気はもちろんガスも水道も止まっていた。

ところが、だ。彼の家は水道も出た。ガスはプロパンガスだったこともあるが、たまたま前日に交換したばかりだったという。しかも、友人からその日に届いたという冷凍の食材が玄関先にドンと積まれていた。しばらくはこれで食料に困らない、必要なら持っていけ、五郎さんはそう言った。

「これも座敷童の力か……」

そう感じたのを今でも鮮明に覚えている。

翌日から、彼は断水で困っている人たちに水を配ったり、ある程度電気が通るようになると、お風呂を提供してみんなに喜ばれていた。彼の息子もあちこちに力を貸していた。そういう人たちだからこそ、お花ちゃんも力の発揮しがいがあるんだろうと、なんだか心が熱くなった。あの時はみんなが必死だった。

それからしばらくして……あれは、梅雨に入ったころだろうか。久しぶりに、お花ちゃんが現れたのだ。

僕たちに向かい、丁寧に頭を下げて礼を述べると、

「さすがの私も、これだけの災害から皆を守るのに力を使い果たしました。それで来週、向こうの世界に帰ることになりまして。どうもお世話になりました」

えっ、と僕とワカは顔を見合わせた。出ていくということは……と僕は想像する。

するとそんな僕の考えを察したように、お花ちゃんは静かに首を横に振ると、

「安心してください。出ていくといっても、家にいられなくなったわけではないんです。座敷童が病んで出ていくときは肌や目が赤くなるんですが、ほら」

そう言って袖をまくって腕を見せる。白くきれいな肌だった。さらに、

「ちなみに、この世界では『赤』は不吉な兆しなので気をつけてください。特に赤い目の生きものは要注意です。赤い目をした者に話しかけられても、信じちゃいけませんよ」

と言う。なるほど、赤い目には注意だな。いいことを聞いたと思った。

「ところで、最後のお願いが」

「ん？　なに？」

その様子を察して、ワカが尋ねた。

「最後にまた、あのおはぎが食べたいのですがね」

と言ってペロリと舌なめずりをする。

早々に五郎さんにお願いして、僕らはあのおはぎを作ってもらった。

お花ちゃんはおいしそうにそれを食べると、「プハー、満足」と言って笑みを浮かべ、

「あの日、ここにたどり着いてよかった。私も経験を積めました。このようなかたちで向こうへ行くのは昇格なんです。大きな役割を果たしたと、認められた証しです。向こうで力を蓄えたら、また戻ってこようと思います。五郎さんのおはぎは、それほど魅力的ですから」

「食いしん坊だねえ、お花ちゃん」

僕は少し切なかったけど、笑った。お花ちゃんがいなくなるのか。ちょっと寂しい。だけど、別れはサッパリしたかった。ワカは少し涙ぐんでいる。

「さようなら。五郎さんによろしく」

「じゃ、元気で」

去っていくお花ちゃんのちっちゃな背中に僕が手を振ろうとしたとき……何かを思い出したように彼女は立ち止まった。そして、少し考えるように宙を見上げて、

「これは、言おうか迷ったのだけど」

と、向こうをむいたまま前置きし、

「やはり言うことにします。あなた方が遠野へ出向いたのは偶然じゃないですよ。どうもあなたの守護霊様の意向のようです。私が直接聞いたのですから、間違いありません」

そう言ってワカを指差した。

「おそらく、あなたも覚えがあるのではないですか?」

「……」

ワカの守護霊? そういえば僕の守護霊や指導霊とはよく話をしていたが、ワカの守護霊の話は聞いたことがなかった。ワカの守護霊とは一体……。

そんな僕の心中を知ってか知らずか、ワカは複雑な表情で笑った。

「ふふ、やっぱそうか」

そう言うと、

「ありがと。元気でね、さようなら」

と、手を振った。

お花ちゃんが、笑顔で去っていく……。

おしら様

その話を知ったときの気持ちは、なんとも複雑なものだった。

よくあるただの昔話、田舎でよくある昔話。それなのに他人事とは思えなかったのはどうしてだろう。

あの日、あの時、遠野の伝承園で知った、おしら様の昔話。


これはずーっと昔のお話。

岩手県の遠野地方に、父と娘、それに一頭の馬が一緒に暮らしていました。

娘は気立てがよく、そしてたいそう美しかったので、村人たちからも評判でした。

そのため年ごろになると、縁談の話が数多く持ち込まれましたが、なぜか娘はすべて断ってしまいます。

怪訝に思った父はある夜、娘が馬小屋に入るのを見かけると、そっと馬小屋を覗きました。

するとそこでは、娘が馬と愛を語り合っているではありませんか。

驚いた父は娘を問いただします。

「なぜ馬なんかと話をするのか？　一緒にいるのか？」と。

するとと娘は、

「おら、この馬と夫婦になりてえ。おらは馬と離れねえ、おらたちは好きあってるんだ」と、言い放ちました。

怒った父は馬を無理やり連れ出すと、桑の木につるし上げて斧で首を切り落としてしまいました。

「おっとう！　なんてことを⁉」

愛する者を失った娘の悲しみは、いかばかりだったのでしょう。

娘は、馬の首にすがって泣き叫びました。

するとどうでしょう。娘の体がふわりと浮き上がり、馬の首とともに空に飛び去っていってしまいました。

この娘と馬の悲哀のカップルは「おしら様」と呼ばれ、桑の木の棒に娘と馬の顔を彫って、着物を着せて今なお遠野の家々の神棚にお祀りされているそうです。

あのころのワカにとって馬とのつながりは、夫に連れていかれる競馬くらいのものだった。

だからこの物語を知ったときに、他人事とは思えない気持ちになりはしたものの、どこか現実味がなく感じたのも事実だ。そしていつしか、そんな話は忘れていた。

だけどその後、彼女は運命の馬と出会ってしまう。

そして馬を救い、救われる仲になった。

そこでもう一度思い返してみる。これまで、こんな能力があるばっかりに大変な思いもしたし、危険な目にも遭った。それでも、いつも助けられてきた。大きな、温かい息遣いが、耳元で聞こえてきた。そして言うのだ、「大丈夫だ」と。

「私は守られていたのか」

そう呟いた彼女の顔は、どこか晴れ晴れとしていた。

私は守られている。守護霊にも現実の世界でも。

あの大きくて、あたたかい存在に。

芸能人も見たという、「小さいおじさん」を発見！

さて、座敷童のお花ちゃんが去ってからひと月。梅雨が明け、暑い夏がやってきた。

震災から半年もたつと、僕の会社も復旧から通常モードに戻りつつあった。とはいえ、沿岸部の復興は遅々として進んでいないのが現状。やっぱり普通の状態には程遠かった。余震も多くストレスも溜まった。でも、少しでも前向きに取り組まなきゃと、一生懸命日々を過ごしていた。そんなある日のこと。

「ちょっとだけ逃げたい」と、ワカが言った。震災で愛する者を失った人が、大勢いた。父の職場も津波に呑まれたけど、なんとか生き残ることができた。だけど、本当に身近な人たちがたくさん亡くなった。今だから言おう。苦しかった。前向きに頑張ろうと思いながらも、張り詰めている自分たちがいた。特にワカは、心にものすごくダメージを負ってしまった。あのころの彼女は、毎晩ひとりで手を合わせていたのを思いだす。苦しんでいる人の話を聞いたりもしていた。歯科医である僕の父はボランティアで検死をしていたので、いろんな辛い話が入ってきたりもした。当時の被災地は、本当に「死」をすぐそこに感じる場所だったのだ。

だから、ある日、そこからちょっと逃げたくなったのだろう。その気持ちがよく理解できたから、僕は賛成した。

そして、その旅先は新潟にした。目的はずばり「夏競馬」だった。

広々とした場所で、大きく空気を吸いたかったのだ。せめて地面が揺れることなく、少しの間でも安心して夏を謳歌したかった。なにより前の年に初めて訪れた新潟は、楽しい思い出もたくさんあったので、日常から離れてリフレッシュできると踏んだのである。

新潟の旅は素晴らしかった。

青い空、風に吹かれるグリーンのターフ、競馬新聞とにらめっこするオッサン、ビールを飲みながら芝生に転がる兄ちゃん、馬のにおい、いななき……。その全てに、自分の五感が喜んでいるのがわかった。

全力で駆ける馬たちの迫力に声をあげ、レースで一喜一憂し、甘辛醤油の特製ダレをくぐらせたとんかつをオンする新潟独特のカツ丼や、香ばしいみそを塗った五平餅に舌鼓を打ち、コシヒカリのおむすびの美味しさには、あやうくほっぺを落としそうになりながら、はしゃいだひと時を過ごした。ちなみに馬券はさっぱりだったけれども……。

最終レースが終わると、僕らは宿泊先へと向かった。

新潟の町は明治に入り開港してから大きく発展を遂げたのだが、江戸時代からの木造の町屋であったため火災が多く、30回以上もの大規模火災で1万5000を超える家屋が焼失したとされている。しかし、その都度さらに町を大きく復興させてきた。

「失ったからこそ、そこから大きく変えるきっかけにできる」

破壊なき創造はない。古い家を残したまま新しい家を建てることはできないし、新しい服を着るためには古い服を脱がなければいけない。新潟の町並みを見ながら、そんな感慨にふけっていたときだった。

「ん？」と、ワカが声を漏らした。

「どうした？」

僕が声をかけると、ワカが口をぽかんと開けながら道端を指差した。

「おじさんがいる」

「おじさん？」

僕は意味がわからず聞き返す。

「そう、おじさん。小さいおじさん……、スーツ着て歩いてる……マジか」

呆気にとられたようにそう言うと、ゆっくりと目線を動かした。どうやら小さなおじさんが歩いているらしい。

「わ！　あっちにも！　どういうこと？　友達なの？　おしゃべりしながら合流してるんだけど」

スーツを着た小さいおじさんが並んで歩き始めた様子をしゃべりながら、ワカは頭を抱えた。

「何なんだ、ありゃ？」

よく見ると、そんな「小さなおじさん軍団」はあちらこちらにいるらしい。

ベンチで休んでいるおじさん。

顔を赤らめて千鳥足で歩くおじさん。

道の隅で体操をしているジャージ姿のおじさんや、買い物かごを提げて歩く姿まで（これはもしかしたら、おばさんかも）。

夕暮れ時の新潟の町で、斜陽に照らされながら、さも当然のようにそれらは動いているという。

「ふうん、小さいおじさんか。聞いたことあるね」

僕は顎に手を当てて記憶をたどった。

たしか、釈由美子さんや的場浩司さんも、テレビ番組で小さいおじさんを見た話をしていた。その時は、自分には関係ないと思って笑って見ていたのだけれど……。

精霊なのか？　妖精か？　小さいおじさんの正体とは……。

僕が目をつむって思考を巡らせていると、

「だけどなんで、おじさんなんだろう？　これがさ、例えば河童とかだったら、私もそんなに驚かないわよ。だって、河童は妖怪だもん、普通にいるでしょう」

妻よ、その理屈はおかしい。河童でも多くの人は腰を抜かすぞ。

「でも、こんな小さい人間がわらわらいたら、そりゃビックリするじゃん。しかもスーツ着てさ、怪しいにもほどがあるってーの」

ワカがこぼしたそのひと言が、僕に過去の記憶をよみがえらせた。

見えないものが姿を見せるためには……。かつて未熟な霊体が僕たちのもとへ現れた。歪んだ不完全な姿で僕たちを驚かせた存在がいた……。

「なるほど、わかった！」と、僕はパンと手を叩いた。

「ワカ、ちょっと聞いてくれ。小さいおじさんはきっと精霊の類いなんだと思う。ここは草木や花にだって神様が宿る八百万の神々の国、日本だ。だから当然、そこかしこにそういう精霊がいても不思議じゃない。問題は、そういう存在がどうやって姿を現すかなんだよ」

僕はそう言って指を立てた。

僕の考えはこうだ。精霊はもともと見えない存在である。当然、通常の人間からは見えないし、気づかれることもない。だけど、時にはワカのような見える人に出会うこともある。大事なのは、そういうときに「どんな姿で現れるか？」「どんな姿なら怪しまれずに済むか？」ということだ。

「精霊たちは怪しまれないように、人間と同じ姿になろうとしたんじゃないかな？」

「同じ姿？」

「そう。特に怪しまれないように多くの人間が目にする姿がいちばんいいと考えた」

「まさかそれが、おじさんってこと？」

朝夕に集団で通勤するスーツ姿のサラリーマンは、ＴＨＥ日本！を象徴する代名詞だ。戦後復興を支えてきたそんなおじさんたちをたくさん見て、「この姿なら怪しまれない」と精霊は考えたに違いない。

「いや、どうみても怪しいから！　こんなだし」

と、ワカが両手で縦に15センチほどの間隔をつくって大きさを表現する。小さいおじさんは、その名のとおり小さい。

「姿は似せたけど、大きさにまでは気が回らなかったんだろうね」

ま、そこが愛嬌のあるところだね、と僕は両手を腰にあてワハハ、と笑った。

完璧じゃないから、おもしろいのだ。

僕はネクタイを緩め、ベンチに横たわっていびきを立てて寝ている小さいおじさんを想像して頬を緩めた。夕日がゆっくりと日本海に沈んでいく。

梵さんって知ってますか？　うちの守り神を紹介します

ものすごく突然だが、皆さんは「梵さん」たる存在をご存知だろうか？

恐らくほとんどの人が知らないと思う。というか、実は僕たちもいまだによくわかっていないのだ。だけどひとつだけ確かなことがある。それは僕たち一族にとって、守り神であるということだ。家族を守り、不運を断ち切ってくれる、かけがえのない存在である。

今これを書いている段階でも、ハッキリとした正体はわからない。この話を最後まで書こうかどうか、そして書いていいのかマズいのか、深く考えた。物書きとしては書きたい。しかし、それはタブーだというなら、この話は省こうと決めていた。そして、これまでのように誰にも言わずにおこうと。

そのことを梵さんに伝えると、なんと反対されなかった。それどころか、たくさんの人を助けるために知ってほしいというではないか。これまで僕らがずっと黙っていたことを、こんなかたちで世の中に発信することになるとは夢にも思わなかった。

その出会いは、突然訪れた。

忘れもしない、もう6年以上も前のことだ……。

その年の11月、僕たちは深い悩みの底にいた。ある理由があって僕たちは馬を飼っていたのだが、その馬を預けていた乗馬クラブのトラブルに巻き込まれてしまったのだ。クラブは土地の持ち主から立ち退きを迫られていて、しかも、その件は甚だ複雑だった。すでに裁判所が関与し、にっちもさっちもいかない状況になってから初めて知らされたものだから、さあ大変だ。どこかに馬を移すといっても、あのデカさである。そして、たとえ広い庭があるとしても、そこに放しておくわけにはいかないのが馬という生き物なのだ。一刻も早く何とかしなければいけない。愛馬を守るにはどうすればいいか。法的にもいろんな策を考えたが、もうどうしようもなかった。

そんな切羽詰まったある夜、八方手を尽くしたあげく疲れ果てた僕らは、重い気持ちでカフェにいた。何かを話す気力もなくコーヒーを飲んでいると、隣のサラリーマンがこんな話をしているのが、耳に入ってきた。

それは福島県にいる、あるお坊さんの話だった。本当に困っているときにそのお坊さんに会うと、何らかの解決策が出てくるという話をしていた。聞き耳を立てながら、僕とワカは目を合わせた。

「あの、すみません！　そのお話、詳しく教えていただけませんか？」

ふたりのサラリーマンは、僕らの尋常じゃないムードにちょっとたじろいでいたが、事情を話すと、親切にそのお坊さんのことを教えてくれた。それどころか、その場でお坊さんに連絡を取ってくれて、僕らのことを紹介してくれたのだ。後で聞くと、そのお寺は別にパワースポットなどで有名な場所ではなく、本当に知る人ぞ知る場所で、滅多なことでは相談に乗ってくれないらしい。

翌朝、福島県内のお寺まで車を飛ばした。

到着したお寺はそれほど大きくなく、住職のほかには、まだ20代と思われる若い僧侶がひとりいるだけだった。僕たちは、事の成り行きを話し、なんとしてでも愛馬を守りたいこと、寿命がくるまで傍にいたいこと、自分の馬をとても大事に思っていること、けれども僕らではどうにもならない状況で、困り果てていること、どんなかたちでもいいから住職の力をお借りしたいと頭を下げた。高齢ではあるが、背筋が伸び、凛とした雰囲気を漂わせた住職は、静かに僕らの話を聞いていたが、少しすると、

「お馬のお名前は？」と聞いてきた。僕らが答えると、スッと目を閉じる。

「もう一度確認しますが、あなた方の望みは愛馬を最後まで守ることですね？」

「はい」

すると、住職は目を開けて柔和な表情を見せた。

「ひとまず安心なさい。これから大変なこともありますが、きっと最後はうまくいきますよ。ただし、強い覚悟を持ってそのお馬を守ってください」

と言ったのだ。それ以上のことは、話さなかった。ただ、妙な安心感があり、なんだか目に見えないところで物事が動きだしている感覚があった。

特に解決策が出たわけでもないのに、ちょっとだけ安心した僕たちは、そのまま仙台への帰途についた。帰り際、放置され、朽ちかけている家屋が多く散見されるのに気づいた。

誰も住んでいない家、看板はそのままに荒れた状態で放置された店舗、人けのない郵便局などが、まるで、いつからか時が止まっているような錯覚を生じさせる。

「そういえばこのあたりは、原発の避難指示区域になってたんだ」

僕はそう言って目を伏せる。

まだまだ震災は終わっていないのだな、と実感する。

そして、ふと思い立った。せっかく福島に来たのだから、相馬市に鎮座する相馬中村神社へ立ち寄ろうと思ったのだ。相馬中村神社、そこは重要無形民俗文化財にも指定される相馬野馬追の出陣地として知られる神社である。

鎧兜の武者たちおよそ５００騎余りが旗指物を背負って疾走する、荒ぶるほどに勇猛な祭りは全国的にも有名で、１０００年以上もの歴史がある。そのため、「馬の守護神」としても知られ、馬に関係する人だったら一度はお参りしたことがあるかもしれない。うちの馬の馬房にもこの神社のお守りを掲げていたし、手綱にも縫い付けて健康を祈願していた。

僕たちは改めてこれまでのお礼と、どうしても愛馬を救いたいという思いで祈った。

そして、常磐自動車道を北上して仙台を目指していたときのことである。

インターチェンジを降り、一般道に入った瞬間、

「わわっ！」

と、ワカが助手席で突然声を上げた。

「ど、どうした？」

驚いて僕が尋ねると、彼女はキョロキョロと窓の外を見回した。

「ちょっと、止めて……なんか、丸っこいのが車に当たって……そのまま飛び乗った……」

そう言って、車の屋根を指差す。僕は慎重に車を道路脇に寄せ、周囲を確認して外に出る。

「上にいる……ナニ？　ダレ？」

急だったこともあったのだろう。ワカはこれまでになく動揺していた。眉間を寄せて、目頭を揉んでいる。たぶん、混乱していたんだろう。

だって、生霊に守護霊に河童。そして座敷童に小さいおじさんときて、だもの。

さあさあ、お次はなんだ？　もう、どんとこいや！　なんでもこいや！　あら、えっさっさーって気分だ。

単純に、もはやこの状況を楽しんでいる自分がいた。それに僕たちがこうして経験を重ねるにつれて、以前のように危険を感じるものは現れなくなったことに気づいていた。だから、けっしておかしなものではないという確信もあった。

「こ、今度はなんだろうね？」

「さあねえ」とワカは両手を広げると、「だけどきっと、いいことじゃない？　だって私たち、助けを求めにいったんだもの。それに関係してるんじゃないかな」と言った。

それは、僕も同じ気持ちだった。

「お名前は、ボンさんというそうやよ」

僕の守護霊の暁さんは、そう教えてくれた。

名前、あるのか……。

その不思議な生き物は、ボンといった。

僕たちがマンションに帰ると、リビングに不思議な丸い生き物が何体も待ち受けていた。

なんと、すでに自宅にいたのだ！　あるものはポンポンと毬のように跳ね回り、あるものは空中を漂うように浮いていたかと思うと突然、徘徊するように部屋の隅をせわしなく動きだす。まるで珍しいものを見つけた子どものようだ。大きさはやはり手のひら程度、河童や小さいおじさんと同サイズである。そして、猫どもがちゃんとそれを追いかける。見えているのだ。ああ、やっぱり猫には見えるのだ……。

僕たちは、彼らの正体を知るべくいろいろと話しかけてみた。出身地とか、性別とか、さすがに血液型までは聞かなかったけど。まあ、聞いて意味があるのか？って話だけど、とにかく聞かずにはいられなかった。で、まさか名前なんかないよな、と思って聞いてみたら、なんと、さっきのセリフである！　もちろん通訳してくれるのは暁さんなんだけれども。

もっと詳しく聞くと、どうやら「梵」と書くらしい。

「ほほほ、梵さんですって。なんとまあ、みょうちくりんでかわいらしいやねえ」

暁さんが楽しそうに言い放つ。まったくもう、のんきなんだから。

僕は素早くスマホに指を滑らせた。

「梵」とは、古代インドを起源とするインド哲学における宇宙の根本原理のことを指すのだという。そういえば、帰り際に参拝した相馬中村神社の神様「アメノミナカヌシ」は、『古事記』の冒頭に登場する宇宙の根源神だった。それとなにか関係があるのかな？と僕は考える。

しかし、それを聞いても暁さんとワカは首をひねったままだった。暁さんは、それでも楽しそうにしてはいたけれども。

「そういうのとはちょっと違うんやないかねえ、あらまあ、壁歩きなんてできるのかえ？」とはしゃぐ守護霊。

「暁さんの言うとおりだわ。私も神様がどうのというよりさ、なんかこう、元始的で超自然的なものを感じるのよね。どう言ったらいいんだろ、う～ん」

うまく説明ができないらしく、テーブルに両肘をつき、顎を両手に乗せて唸る。その時、ワカの目線が動いた。ラックに並んでいるＤＶＤが目に入ったようだ。そこにはお気に入りのジブリ作品が並んでいる。『千と千尋の神隠し』は、僕らが大好きな作品だ。ハクと名乗る白い龍の少年にはどこか親近感を感じることさえある。ワカはその中に並んでいる『もののけ姫』のＤＶＤを手に取った。

「そうだ、こだまだ」

　そう呟く。

「こだま？　こだまってあの、『もののけ姫』に出てくる？　口をあけてポカーンって突っ立てる白い人型の？」

「人型ではないし、目も口もないただの丸っこいやつなんだけど、イメージではあんな感じよ。あれってたしか精霊みたいなものじゃなかった？」

　こだまは、「木霊」と書く樹木の精霊である。日本の神様のお話である『古事記』でも、ククノチノカミという神様として登場している。特に日本の森林面積は約7割と世界平均の3割に比べて圧倒的に多いため、樹木の精霊といえば自然を代表する精霊ともいえるだろう。

　その日本人の意識の中に長くすみ続けてきた精霊が、神社仏閣の影響を受けて、物事の根本をあらわす「梵」と名乗ったことは想像に難くない。

「で、その精霊がどうしてここに？」

　僕は足元を指差しながら聞いた。

「そんなの決まってるでしょ、私たちが本気で望んだから力を貸しにきてくれたのよ。お寺の和尚さんが言ってくれたじゃない。きっと最後はうまくいくって」

なるほど、と僕は思う。

たしかにワカと出会い、数多くの不思議な体験を通して見えないものを実感する日々を過ごしてきた。そうするうちに、自然と見えないものへの信仰心も芽生えたし、強く意識を向けるようにもなったのは事実だ。だからこそ、和尚さんにすべてを打ち明けて頭を下げた。神社でも本気でお祈りした……。

「わかった。僕は腹を決めたよ。梵さんは僕らを助けるためにやってきてくれた。だからきっとうまくいく、全力で応えよう」

僕は拳を握って言った。

「うん、きっとうまくいくわ。物事には必ず打開策があるって気持ちに、今なったもの。そう思えただけでも前に進めそうな気がする」

ワカはそう言って、彼らが転がり回っているであろうリビングを見回すと、

「なんだか梵さんをお祀りしたくなっちゃった。おかしいなあ、私がこんな気持ちになるなんて。なんだか知らないけど、うまくいくような気がしてきたわ」

そう言ってちょっと笑った。だけど、その目はとても真剣だった。

結論から言うと、その後、問題は解決した。困難はあったが、不思議な縁がつながって、僕らの馬は無事に引っ越しをすることができたのである。新たなすみかを手に

入れた彼は、静かで穏やかな余生を送ることになったのだ。

　これは梵さんのおかげだと思っている。誰が何と言おうと、そう信じている。

　信仰心とは、「信じよう」と意識してするのではなく、ごく自然なこととしているものなのだ。

　朝、太陽が昇ること。

　空気を吸えること。

　そして今、自分が生きていること。

　それを「信じよう」と意識して、信じている人はいない。

　ごく当然のこととして受け入れている。

　それと同じように、神様や仏様、そして自分を守護してくれている見えない存在を当然のこととして受け入れ、自然と感謝の心が芽生えること。これが本当の「信仰心」なのだ。

　僕たちはそれをたくさんの体験を通して、素直に受け入れることができた。そして、あの時はこれ以上ないほどのピンチだった。だから本気になれた。その気持ちが「梵」と名乗る精霊を呼び寄せたのだ、きっと。

精霊が電話？　病院であった奇跡の出来事

さてさて。大ピンチだった馬事件が解決してからも、僕たちの周りでは不思議とラッキーが続くようになった。一つひとつは小さいのだけれど、そのささやかなことに「ありがとう」「嬉しいな」と思えるのは、ありがたいと感じた。

信号待ちをせずに横断歩道を渡れた。

会いたい人から連絡が来て会えた。

人気のお店にスムーズに入れた。

そんな小さな出来事でも、

「ラッキー！　これはきっと梵さんのおかげだな」

と、思うだけで楽しくなった。

そんな感じで「意外と人の幸せってこんなものなんじゃないか」と思い始めていたころのことだ。日ごろの感謝を込めて、県内の神社で参拝していたとき、突然ワカのスマホが鳴った。

「あ、お母さんだ。なんだろう？」

そう言って電話に出ると、ワカの表情がみるみる青ざめていった。

「うん、わかった。すぐに行くから！　病院がわかったら電話をちょうだい！」

会話中に発せられた単語から、僕も事態の深刻さに気づき始める。

「どうした？」

「タカ、どうしよう！　お父さんが急に具合悪くなって、今、救急車を呼んだって！」

スマホを胸の前でギュッと握り、泣きそうな声でワカは言った。

「すぐに行こう！」

僕たちは駐車場へと駆けだした。

病院へ向かう道は驚くほどスムーズだった。信号はタイミングよく青になり、まるで何者かが僕たちを先導してくれているようだった。のちに聞いた話では、ワカの父を乗せた救急車も驚くほど迅速に病院に到着したらしい。

父の苦しみの原因は、食べ物によるアナフィラキシーショックだった。アレルギー体質で食事には充分に気をつけてはいたのだが、これまで気がつかなかった成分が見つかったのだ。

それからしばらく入院することになった。点滴を受けつつ、ベッドに横たわる姿はいつもより弱々しく感じたものの、病院にいる分には安心だと、僕自身も安堵する気持ちが強かった。

僕らを驚かせる事件はその夜に起きた。

なかなか寝つけなかった父がそれを訴えると、医師は弱い睡眠導入剤を処方してくれた。それを飲んで、ウトウトしたところまでは覚えているという。やがて眠りについたのだろう。

しかし、そこに落とし穴があった。ここからは誰も見ていないのであくまでも憶測になるが、状況に基づいて推理することをご了承いただきたい。

アレルギー体質のお父さんは、この弱い睡眠薬に筋肉が過剰反応してしまい、眠ったまま暴れるように上体を振り回したのだ。よほど強い力が加わったのだろう。点滴の管が外れ、そこから血が逆流する事態となった。しかし、お父さんは眠っているから、自分が出血していることには気づかない。その時である。突然、枕元に置いた携帯が鳴った。眠っていたお父さんはその音に気づき、うっすらと目を開ける。そして、携帯に手を伸ばそうとした瞬間、ヒヤリと冷たい感触がするのに気がついた。

「なんで腕がこんなに濡れてるんだ？」

視線を向けると、ベッドが血で真っ赤に染まっていたという。

朦朧とする意識の中で、本能的にナースコールを押し、そのまま意識を失った。

病院から緊急連絡先の僕に電話がかかってきたのは、次の日の早朝のことだった。

何が起きたのかと、飛びあがるほど驚いたのを覚えている。

何度も「申し訳ありません」と繰り返す病院スタッフから一通り状況を聞くと、僕らは病院に飛んでいった。聞けば、ナースコールでスタッフが駆けつけたとき、点滴スタンドは倒れ、腕からの出血で、ベッドはもとより床にも血だまりができていた。すぐさま緊急の輸血が行われ、なんとか事なきを得たという。もし仮に、ナースコールが少しでも遅れていたら、大変なことになっていただろう。僕たちはそれを想像すると背筋が寒くなるとともに、心底ホッとした。

しかし、それ以上に僕たちを驚かせたのは、父を起こしてくれた着信である。

そもそも病院では音が鳴らないようにしてあったはずだ。着信音で目覚めるはずがないのだ。

それに加えて、その電話の相手である。着信記録にはワカの名前が記されていた。もちろん電話番号も一致している。

ところがワカは、そんな電話をした覚えもなければスマホに発信履歴さえ残っていなかった。そもそもその時間、僕とワカは疲れ果てて夢の中だった。これは一体どういうことだ?

意識を取り戻したお父さんに、ワカは正直に聞いた。自分は電話なんかしていないし、仮にそうだったとしても病室で何が起きているのかわからないんだから、ピンポイントでかけることなんて不可能である。病院には「異変に気づいてコールをしてくれたおかげで、大事に至らなくて済みました」と、丁寧に頭を下げられ、正直、何がなんだかわからない。もしかしたら、自分が一時的な記憶障害にでもなってしまったんじゃないかとさえ感じて、どうしていいかわからないんだと、素直に伝えた。

すると、お父さんは驚くべきことを口にしたのだ。

「梵さまだよ、俺は梵さまに助けられた。ずっと黙っていたが、話すときが来たようだ」

父の口から出た内容は、僕たちをさらに驚かせた。

僕らが梵さんと出会ってから、時々ワカのスマホから短いメールが来るのだという。最初はワカが単純に自分に向けて書いていると思って「余計なことを」と感じていただけだったが、それが続くので怪訝に思っていた。もちろんワカは発信した覚えがない。だけどそこには、僕たちや父への助言が記されていたという。

「あまり怒っちゃいけません」

「いいなと思った誘いでも立ち止まって考えましょう」

「けなすとみんな怒ります。褒めるとみんな喜びます」

そんなたわいもないアドバイスだけど、実際にそれに関連する出来事が必ず起きるのだという。

「あまり怒るな」というメールの翌日には、いつもなら激怒するようなことが起きた。しかし、ぐっと辛抱して相手を許したら、そこから大きな仕事につながった。

「立ち止まって考えましょう」というメールの翌週には、詐欺まがいの話が持ち込まれてきた。魅力的ではあったが、もちろん誘いには乗らなかった。

それもこれも、梵さまのアドバイスなんだと、お父さんは代えたばかりの白いシーツの上で訥々と話した。このメールが、自分の考え方や感じ方を大きく変えてくれたのだと。

それを初めて聞いた僕たちは、驚きのあまり「えええーーーーー！」と叫び声を上げ、それを聞いたスタッフが「また何かあったの？　大丈夫？」と、飛んできたほどだった。

どうやらその奇妙な生きものは、いや、見えない存在の多くは物体を持たない代わりに、電子機器を通してメッセージをくれることがあるようだ。電磁波に影響を与えることで、電子機器を通して人間たちに何かを伝えようとする。

実際に心霊ドラマなどで、明かりが消えたり、テレビに幽霊が映ったりするシーンを見たことがあるだろう。電話を通して幽霊の声が聞こえるとかいうパターンも、記憶にあるんじゃないかと思う。そういう電子機器を利用することは、実際によくあるそうだ。

たしかに霊媒体質と言われるワカの近くにある電子機器はよく調子を崩す。病院に健康診断に行ったら、「すみません。機器の調子がおかしくて」と作業が滞るとか、スーパーのレジでは「あら？　機械が動かないわ。なんでかしら？」なんていうことも珍しくない。その度に心の中で、「ごめんなさい、きっと私が関係してると思います」とひそかに謝る。さすがに実際に口に出すわけにはいかない。

ちなみにワカがいつもいるキッチンの電球はよく切れる。特に不思議な現象が起きるときは、週に二度も三度も切れることはもう日常だ。だから我が家は決して、高額のＬＥＤ電球は使わない。いくら長寿命と言われても、いつ、どんな理由で壊れるかわからないから。単価の安い電球を使うのがいちばんなのだ。

あやかしがうごめく時代になってきた

というわけで、我が家は守り神として、丁重に梵さんをお祀りしている。あの流血事件をきっかけに、あまり「そういうもの」には関心がなかったワカの一族も、そして僕の一族も、自然な信仰心を心に持つように変化していった。

日本は八百万の神々の国。どんな神様がいても、不思議じゃないのだ。

ちなみに暁さんの通訳によると、好物は丸いだんごで、しかも焦げ目がつくほど焼いたものが好きらしい。梵さん好みのものはなかなか売ってないので、これに関してはワカがレシピを考えて「ボンダンゴ」として作り、たまにお供えしている。まあ、お供えした後は僕らで実際に食べちゃうんだけれども。みたらしにして……。

そんな梵さんだが、この生き物にはなかなか楽しい側面もある。

それは新型コロナウイルスが蔓延し始めて、社会が不安な空気に包まれ始めた春先のことだった。

「ほいほい、おまえさんら」

暁さんだ。

「梵さんが今から外に行こうと言うとるけど、可能かえ?」

「まあ、夜ですし、マスクして出れば大丈夫ですが」

なんせ未知の新型ウイルスが世の中を恐怖に陥れている最中である。ただ、ずっと引きこもってばかりは辛いから、人通りや時間帯を選んで散歩をしていた人も多いのではないだろうか。僕らもそうやって、体調管理をしていた。

「それにしても今から？　もうすぐ日付が変わるわよ、なにもこんな時間に」とワカは言ったが、暁さんの言葉にすぐに考えを改めた。

「アヤカシ、ミタクナイカイ？ですと。ほほほ、おもしろい梵さん」

「あ、あやかし？」

僕は思わずのけ反った。

聞けば、新型コロナウイルスの蔓延で街に出る人が少なくなり、地球全体がきれいになるとともに、あやかしの類いがこの世にひそかに現れ始めているというではないか。たしかに昨日、実家に足を運んだワカが帰宅してくるなり首をかしげて、

「最近の街って、怪しくて不思議なものが出てきそうな雰囲気が漂ってるのよね。春だから？　それとも私が疲れてるだけ？」

まるで蚊が出てくる季節のように言っていたのを思い出した。だけどそんな僕たちでも面と向かって「あやかし見せるよ～」と言われれば、そりゃたまげるってもんである。

マスクをして除菌スプレーを持ち、厳重防備をして僕たちは静かに外に出た。

人が外に出ない街は、驚くくらい静かだ。信号機のお知らせ音声がやけに大きく聞こえ、遠くで猫が鳴いている。

うん、ムードはある。とはいえ、さすがに僕も半信半疑だった。

「妖怪が存在するのは確かなんだけど、ほんとに見えるのかね」

とワカがこそっと言う。キミが言っちゃいけないよとは思うけど、まあ一般人の感覚からすればそうだろうなと思う。彼女はわかるのに、ずっと一般人のふりをしてはぐらかして生きているから、なおさらそう思うのだろう。

「これこれ、だからこそ梵さんがちゃんと見せてくれようとしてるんやないの。文句言わずに歩きなされや」

「す、すみません」

暁さんの言葉に、僕は肩をすくめた。

それから、しばらく静かに歩く。どこも静まり返っていて、あんなにたくさんいた人は一体どこに行ってしまったのだろうと錯覚するくらいに、誰もいなかった。

「ねえ、タカ。とりあえずさ、『なんか見える気がする』とか言っておこうよ。どうしても見せたいらしいし、見えるまで歩き回らなきゃなんないかもよ」

ワカがそう耳打ちしてきた。それもそうだ、梵さんや暁さんは浮いている（？）から疲れないかもしれないが、重力に従順な僕らは自分の足で歩いているのだ。ここは妻の意見に賛成である。

僕たちは、

「あっ、本当だ。なんとなく気配を感じるよ。ちょっとはわかるかも」

「ほんと、アレがそうじゃない？　わあ、すごい。見えた見えた！」

僕たちは適当な方向を指差し、少し大げさに声を上げる。人に見られたら恥ずかしいなあとは思うけど、やむを得ない。時おり通り過ぎていく車のヘッドライトを見送りながら、「これでなんとか納得してもらえるだろうか？」と考えていた。

いつのまにか、広瀬川沿いのタワーマンションの近くまで来ていた。

「こっちだそうやよ」と、暁さんのガイドに従い、促されるまま細い路地に入る。薄暗い街灯に照らし出された道路は、シンと静かで、そこはかとなく妖しいムードが漂っていた。

暗いとはいえ、見通しのいい一本道。ふと見ると、向こうから中学生くらいの背丈の男性が歩いてきて驚いた。何の前触れもなく、急に出てきたという感じだったのだ。

「この人、どこから出てきた？」

そう思いつつ、すれ違いざまに視線をやると真っ黒のマスクをしている？……ように見えたが、よくみると頭部全体が何かに覆われているようだ。たとえるなら黒い覆面レスラーのような感じだろうか。そして、体が妙に細い。僕とワカはそっと顔を合わせる。

「ってか、人間?」

と、僕は口元だけを動かして言った。すると……、

「見えたようやねえ。よかったやないの、梵さん」と、暁さんの声が。

え? 今のが?

驚いて振り向くと、そこには誰もいなかった……。

「おまえさんらがなかなか見えんようから、見やすい場所に連れてきたんやて。優しいやないの、梵さん」

嬉しそうな暁さんの声が、夜の闇に響いた。
マ、マジか……。でも、見えたの、見ちゃったの、僕がこの目で。
これまでは実際に見たことがない僕だけど、ワカといろんな経験をしてきたことで、いつしか感化されちゃったんだろうか……。しかもこんなはっきりしたかたちで……。

梵さんが言うにはこうだ。新型コロナウイルスの流行によって、目に見えないあやかしが行動しやすい環境が整ってきたのだという。

具体的に言えば、空気がきれいになり、人けが少なくなったおかげで、そういう存在が行動しやすくなったらしい。世界中で大気汚染が改善されたことが報じられたの

は皆さんもご存知だと思うが、ここ日本も例外ではない。国立研究開発法人情報通信研究機構（ＮＩＣＴ）が開発した大気のきれい度を示す指数「ＣＩＩ」（クリーン・エア・インデックス）を見ると、２０２０年3～5月の数値は、全国の主要都市で過去5年の各月の平均値をいずれも上回っていた。つまるところ、それだけ空気が澄んでいたということである。

あやかし……。妖怪と言い換えたほうがわかりやすいだろうか。彼らは普段、人目を忍ぶように自然の中に身を潜め、ひっそりと息づいているという。しかし、地球が本来の姿に近づき、自然が活気づいたこと、外を出歩く人々が少なくなったことで、あやかしも動きだしたわけだ。

「ちなみに、それで僕たちに何か影響はあるんでしょうか？」

僕は、気になることを聞いてみた。梵さんの答えはこうだった。

「心の中にいる虫に、どの栄養をあげるかで道が分かれる。文句や言い訳ばかりだったり、すぐに怒る人はかんしゃく虫が育っちゃう。逆に、嬉しかったりありがたがったりする人は、気づき虫が育つ。虫を飼っている人もどんどん大きくなっていく。小さいことに気がついて、嬉しくなって、幸福になる。どっちの虫を飼うかは自分で決めなくてはダメ。そういう意味でどんどん人生が分かれていく」

そして、最後にこうつけ加えた。

「これからは、そんな気づき虫がいる人の家、周りの人から慕われるような人の家にすみたいという、幸運を呼ぶ精霊がたくさん現れる。いえ、すでにそんな家を探してこの世界をポコポコと徘徊している。僕の仲間も。ボンズ！」

通訳している暁さんが、腹の底から笑った。だけど、僕は笑えなかった。だって今の話で気がついてしまったから。

これからは今まで以上に、人として親切に振る舞うことが重要になってくるのだ。自分だけじゃなく、他人を思う気持ちを大切に生きることが、自分たちをも幸せにするのだと。

だって、どうも座敷童的精霊（梵さん？）は、めっぽう噂に弱いから。

「あそこの家の人はいい人らしいぜ」

そう聞くと、わらわらと集まっていくという。

周りの人に好かれ、いい噂の流れる人が結果的に成功していく。

そんな世の中になっていくと、梵さんは教えてくれたのだ。

第6章

日本の神様は多種多様①

~死神だって神様ざんす~

日本にはたくさんの神様がいるもので。貧乏神が幸運をくれた？

物事は人の意思などそっちのけで動いていく。特にあちらの世界の方々は、こっちの事情など考慮してくれない。

なので、「いろいろわかっていいなあ」とか「すごい楽しそうで羨ましい」などとは、できれば思わないでいただきたい。おもしろそう～と思うのは、「妻は見えるひとでして、そして夫は書けるひとでして」という構図が成り立つからできるわけで、まあ自分で言うのもなんだが、ちょっとばかり筆が立つ僕が面白おかしく書いているからおもしろいのだ。と、自分を鼓舞することはお許しいただきたい。

僕の胸の内はさておいて話を進めることとする。

そんな感じで僕たちは死んだ人の霊体や生きている人の生霊、そして妖怪やあやかしの類いまで、見えない世界と少しずつ関係を持っていったわけだが、そんな僕たちでもまだわからない世界があった。それはいわゆる神様などの崇高な世界。

とはいえ、そんな世界が簡単にわからないのは当然である。

死んだ人の世界だってレベルによって何層にも分かれていて、上の階層には簡単に行けないんだから、神々の世界なんておいそれとわかるはずもない。

だから、ぶっちゃけ言おう。最近のスピリチュアルブームに乗って、突然「神様の声が」とか「あの神様とつながった」という人が増えている気がする。もしかしたら僕らがわからないだけなのかもしれないけれども、正直「ホントかい？」と、疑ってしまうのが本音だ。

まあ、僕たちもその後、龍神様のお話を書くことになるのだが、聞こえるのはヘンテコな龍神の声だけで、神社に祀られているような崇高な神様の声はワカにも簡単に聞けるものではない。あえて言うならば、ちょっと変わった神様と出会ったことがあるくらいか。

なんせ日本は「八百万の神々」がいるわけだから。

『古事記』にも登場する山の神や海の神という自然の神様だけでなく、縁結びや交通安全のような人間の所業に関わる神や、鍛冶の神みたいに仕事そのものの神様も息づいているのが日本という国なのだ。

なかには貧乏神とか疫病神みたいに、あまり歓迎されない神様だっているほどである。

えっ？　そんな神様には会いたくないって？

安心してほしい。あなた自身が明るく元気に生きてさえいれば、おかしなものは寄ってこない。もしも貧乏神がやってきたならば、それは自分の心が引き寄せてしまっているということ。その証拠といっては大げさだが、貧乏神についてのおもしろい記述がある。江戸時代の俳諧師《はいかいし》として有名な井原西鶴の書いた『日本永代蔵』の中に見つけたものだ。その内容は実に本質をついている。

あるところに桔梗屋《ききょうや》という染物屋があった。一生懸命に働くものの商売がうまくいかずに困り果てていた。そこでいつも嫌われ者の貧乏神を逆に丁寧に祀ってみたところ、

「こんなふうに、ちゃんと祀ってもらえて祈られたのは初めてだ」

と、大いに感激され、そのお礼として桔梗屋は大いに商売繁盛したという。

普段、嫌われている神様にも心はある。

そんな神様とどんなつき合い方をしていくかは、その人次第ということ。

そして僕たちが出会ったのも、

「えっ、本当に神様?」

と疑いたくなるような、そんな風変わりな神様で……。

ここからは、そんな変わった神様とのエピソードをご紹介していこう。

現場に急行するあの神様。サイレンが鳴るその先には……

　その存在はもちろん知っていた。しかし、それを初めて実感したのは僕のサラリーマン時代。やはりちょっと遅い夕飯をとっているときだった。

「あ～、うまい。このマグロの刺身、新鮮だなあ」

「でしょう？　市場に行ったら魚屋の大将が捌いてくれてさ、ラッキーだったわ」

　港町で育った僕にとって、刺身は大好物だ。白いご飯に熱い味噌汁。口に運ぶとホッとする。

「おかわり」と、僕がカラになった茶碗を差し出そうとした瞬間、ガッシャーン！と何かが激しくぶつかったような音が、外から響いてきた。

「な、なんだ？」

「すごい音ね」

　僕たちがすかさず立ち上がり、確認しようとベランダに出ようとしたときである。

「ギャッ！」

　ワカが突然のけ反って、尻もちをついた。

　そして、「ああ……」と頭を振った。そして沈痛な表情をして、

「たぶん事故だ。おそらく亡くなったと思うわ」

そう言った。

「えっ、なんでわかるんだよ？」

「だって今、すごいスピードで死神が飛んでいったもん。魂を回収しにいったんだと思う」

マジか。驚いた僕は、状況を確かめるために外へ出て、音のしたほうへ走った。

現場は、６車線の広い道路が緩やかにカーブする交差点だった。黒いスポーツカーが白い建物の壁にめり込んで大破しているのが見えた。壁が崩れているのでかなりの衝撃だったことがわかる。おそらく相当なスピードで走ってきて、カーブを曲がり切れなかったのだろう。走ってきた方向にはきらびやかなネオンが輝く繁華街があるから、飲酒運転の可能性もある。いずれにしろ乗っていた人の安否や巻き込まれた人がいないかが気にかかった。

パトカーのほかに消防車や救急車が集まってくる。乗っていた人の様子は、周囲の人垣で確認することはできなかった。

翌日の新聞を開くと、何人かの死者が出たという記事が出ていた。

若者が乗ったスポーツカーが速度オーバーでカーブを曲がり切れなかったらしい。

乗車していた人以外に被害がなかったのは救いだと思った。

そして同時に、ワカの見たものがやはり死神だったこと。死神は死んだ魂を回収するという事実を改めて認識した瞬間であった。

彼女に聞くと、これまでも何度かそれを見かけたことがあったという。はっきりと姿が見えるわけではないが、黒い影のような気配でわかるのだそうだ。

街中を徘徊しているときもあれば、あきらかに誰かに焦点を絞っている場合もある。

そんな彼女は一度だけ、死神に遭遇し恐怖したことがある。もう10年以上も前、うたた寝をしていたときに、ふと何かの気配を感じたそうだ。冷たく無機質な空気だった。

それは、ワカの顔を覗き込むように近づいてきた。その異様な気配に全身から冷や汗が出たが、本能が「今、目を開けてはいけない」と教えてくれた。

そのままどのくらいの時間が過ぎただろうか。長い時間にも感じたが、ほんの数秒だったのかもしれない。気づけば死神の気配はなく、恐る恐る目を開くとそこには誰もいない、いつものリビングの光景が広がっていたという。

そのため、僕もワカも「死神は恐ろしい」というイメージがばっちり染みついていた。

できることなら、ずっと関わり合いにはなりたくない。そう願っていた。

そう、あの日までは……。


死神だって鬱になる。キックボードに乗った死神Ｈ氏登場！


その日は珍しく早めの夕食をとっていた。土曜日だった。サタデーナイトに浮かれて、酒も飲んでいたと思う。

不思議なことはいつも夕食時に起きる。やはり夕暮れ時から夜にかけては、見えないものがうごめきだす時間なんだろうか？

「あれ？」

明かりが消えて、すぐについた。蛍光灯はこの間、取り替えたばかりだ。

すると突然、向かい側に座るワカが目を丸くして立ちあがった。

「ちょ、ちょっと、待って待って！」

何かを視線で追いながら、手を伸ばして呼び止める。僕は意味がわからず、

「なに、何。どうしたの？」

と、聞く（そして、この時ばかりはなんだか悪くない予感がした！　これだけははっきり覚えている）。何かが現れたことは明白だった。

「いや～、なんかけったいなものが猛スピードで走り抜けていったのよ。あれは一体何だ?」

目をこすりながら、腕を組んで思考を巡らせる。

「よし。たぶん帰りにまたここを通ると思うから、そこで捕まえよう」

と、昆虫採集に意気込む小僧のように、膝をパンと叩いた。

何が起きたのか僕は尋ねるが、どうも明確に説明するのは難しいらしかった。というより、ワカ自身が自分の見たものを信じられないようで、

「とにかく表現のしようがないのよ。っていうか、ちゃんと確認してから話させてよ」

そう繰り返すばかりだった。

そして食事を再開したのだが、ワカの目線は室内の様子を窺うようにせわしなく動いている。そして、その瞬間が訪れた。

食事を終えて、食器を片づけているときである。ワカが「来たっ!」と叫ぶと、泡まみれの手のままキッチンを飛び出し、

「ストップ! ストップ! ストップ! お待ちになって!」

と両手を広げた。

そこにいたのは、ピンクのポンチョにニット帽、ちょっとボロめのキックボードに

乗った、なんとも奇妙な格好のガイコツだった。背中には大きなリュックを背負っている。これもピンクだ。もうピンキーさんと呼んでもいいだろうか。

「なにか用ざんすか?」

その奇妙なガイコツは、止められたことに驚いた様子もなく、そう聞いてきた。

「あの〜」と、ワカが恐る恐る口を開く。

「用というか、突然呼び止めてごめんなさい。ちょっとビックリしちゃって」

「別に構わないわよ。というか、あんた、こっちの世界がわかるざんすか? まあ、嬉しい」

……無事に会話が成り立つようだ。

「あなたはその、死神……?」

「そうざんす。今、ようやっと今日の仕事を終えて、オフィスへ戻るところなのよ」

ピンキーさんはそう言って、カタカタと歯を鳴らして笑った! ガイコツが笑う奇妙さと服装のミスマッチで、なんともシュールな気分に陥る。

「でも、死神なのになんでそんな格好なんですか?」

僕も単刀直入に聞いてみた。巷で言われる死神は、漆黒の衣装に身を包んで銀色に光る三日月みたいな大きな鎌を持っているイメージだ。全身ピンクで、なおかつ壊れかけたキックボードに乗ってる姿を想像する人はいないだろう。いや、いてはいけない……。

するとガイコツピンキーは不思議そうに僕らを見て、

「ミーはお洒落なのよ。ダサい格好はしたくないざんす。きっとあんたたちの会った死神はダサいのが多かったのね」

と、またカタカタ笑った。そして、自分を「ミー」と言った。女性？　ってか、死神に性別ってあんの？

謎は尽きない。しかし細かいことはさておいて、僕たちは話を進めることにした。あまり引き留めても申し訳ない。

「ちなみにお仕事というのはやはり、死んだ人の魂の回収？」

僕は、ピンキーさんの背負っているリュックを指差して聞いてみる。なんせ、時おりモゾモゾ動いているから、ドキリとしてしまう。

「もちろんそうざんす。死んだ人の魂を回収してあの世へ連れていくのが、ミーたち死神の役目ですから」

ピンキーさんの説明によると、ひと口に死神と言ってもその仕事は多岐にわたるという。

もちろん最大の役目は、死んだ人の魂をあの世までアテンドすること。だが、その死に方も千差万別だ。当然、連れていく方法も異なる。すぐに納得してくれる人もいれば、丁寧な説明を要する人もいる。なかには強制連行が必要なほど嫌がる人もいるので、さまざまな部署と連携しながらの業務になるのだという。

最も多いのは、病気など疾患で亡くなるケース。日本ではがんや心疾患での死亡が1、2位を占めており、ほとんどの人は病院で亡くなるといっていい。死神たちからすると、最も穏やかな死に方だという。

もちろん死神にとってもそれがいちばん楽だという。なぜなら、

「自分が死んだことを理解していることが多いので、アテンドも楽なんざんすよ」

とのことだ。

死神業でも、その業務に就いている死神が、最も多いらしい。

「じゃあピン……いや、死神さんもその業務に就いてるんですか？」

僕が聞くと、ピンキーさんは不満そうに頬を膨らませて（ガイコツなので頬はないけど）、強い口調で言った。

「ちょっとあんたね、さっきから聞いてりゃ死神、死神って、失礼じゃなーい？　ミーにだって名前があるのだから、ちゃんと名前で呼んでほしいざんすよ」

「そうよね、ほら、タカっ」

「す、すみません……。えっと、あ、申し遅れましたが、僕たちはタカとワカと申します。夫婦です。で、あなたのお名前は？」

僕も自己紹介を兼ねて尋ねた。すると、

「ミーの名前はハーベスト。でもね、仕事上あまり名前が知られてもいけないから、H氏とでも呼んでほしいざんす」

オイオイ、名前で呼べといいながら仮名かよ、と僕は心の中で唇を尖らせる。

「なにか文句が？」

「い、いえいえ。そんなことはありません」

僕は慌てて両手を振った。見えないものはみんな心が読めるのか？と、勘ぐってしまう。

「で、そのH氏もやっぱり、病気で死んだ人をアテンドしてるわけ？」

ワカが話の続きを促す。

「いいえ、ミーは災害担当ざんす。だけど、可哀そうな魂を多く目にして、余計なお世話だけど心を痛めてね。ミー自身が鬱になってしまったのよ。しばらく休養をいただいていたんだけど、ようやく復帰することになって今日はその初日なんざんす」

災害と聞いて僕はピンときた。東日本大震災では、かけがえのない命がたくさん失われた。

その多くは、突然の出来事で自分が死んだことを理解できなかったり、受け入れられない魂もたくさんいたと思う。そんな悲しい魂と接することで、死神さえも鬱になってしまったということか……。

死神といえば、生きている人の命を大きな鎌で刈っていく姿を思い浮かべるだろう。だけど実は、死神本来の役目は別にある。それは、死んだ人の魂が道に迷わないよう、行くべきところにアテンドすることだ。そして、その死に方によってアテンドする死神の部署が違う。

ハーベスト、いや、Ｈ氏はその中でも、災害で亡くなる人を受け持っているという。災害では悲しい死に方をする人が圧倒的に多いから、すがりつかれて泣かれるたびに胸が締めつけられるという。死神業をやめたいと思ったことも一度や二度じゃなかったと。それでも続けているのは、人間の魂を救いたいから……ではなく、

「ミーが仕事を失ったら存在価値がなくなってしまうざんす。存在価値がなくなれば、もうこの世界にはいられません。だから私が願うのはただひとつ」

そう言って高々と指を一本掲げて、声高に続けた。

「部署の異動ざんす！」

どこの世界も仕事の希望は通りにくいようで。

意外と知られていない死神さんの仕事事情

「ところでH氏の部署は災害担当ってことだけど、ほかにはどんな部署があるの？」

ワカが疑問を口にした。

「知りたいざんすか？」

自分のことに興味を持たれるのは嬉しいらしい。H氏は目を輝かせた。

「ぜひ」と僕が頷くと、キックボードから降り、180度首を回すと背負っていたリュックに向かって「ちょっと待っていてね」と、優しく声をかける。さすがは死神だ。

「まず、ミーたちの仕事においては、部署は大きく5つに分けられています」

そう言ってH氏は手を広げ、ポキポキと指を鳴らしながら部署名を挙げていく。

「『自然死』『事故死』『子ども』『動物』、そしてミーの所属する『災害』ざんす」

自然死は、先述したような病死や老衰といった、最もアテンドしやすい部署だという。その人自身が自分の死に疑問を持っていないので、納得してもらいやすい。死神が「行きますよ」と声をかけると、「はいはい」と素直に聞いてくれるので、ありがたいと言っている。

事故死の場合は、そうはいかない。突然の死に納得できずに声を張り上げて抵抗する人も多く、説得も難しい。そのため、説得力に長けたエリートが登用されることが多く、いくらH氏が望んでも上司からの許可が下りないと嘆いていた。昔は殺人事件などを担当する「事件」という部署もあったらしいが、殺人で殺される魂ばかりと接することになるため、この部署にいると死神も心が荒んでしまうらしく、死神の人権（神権？）を守るために廃止され、事故死の部署が担当することになったそうだ。

しかし、最も切ない思いをするのは「子ども」らしい。この場合、流産や死産も含まれ、物心つく前に死んだ子どもの魂をアテンドするが、こういう魂は母親に甘える意識しかないため、母親と引き離すときには死神も本当に辛い気持ちになるという。

ちなみによく、不幸なことが続く人に、「これは水子の祟りです」などと脅かしてくる人もいるが、これは嘘。水子で死んだ魂は母親に対する甘えの気持ちしかないため、「恨む」「呪う」という概念自体がない。そんな話で脅かしてくる人がいたら、その人のことを疑ってあげればいい。

仮に赤ちゃんの魂が母親から離れずにくっついている可能性があるとすれば、赤ちゃんの魂がどうこうというより、母親の「どうして死んでしまったの！」という思い

が強すぎるためだという。　人間の念でつなぎ留められたら死神も連れていきようがないらしく、

「そんな悲しいことにならないように、あんた、ちゃんと皆さんに伝えてほしいざんす。死んだ魂があの世に無事に行けるように祈ることが大事だということを」

と言っているので、書き留めておく。

そして僕たちが驚いたのが、動物担当の部署があることである。

この場合の動物とは、すべての生きとし生けるものという意味ではなく、「人間とともに生き、人間に愛着がある動物」なのだそうだ。

かわいがっていた犬や猫。乗馬のパートナーとして心を通わせた馬など。そんな人間と深い関わりを持ってきた動物は、ちゃんと光の橋を渡らせる必要があるそうで、これもまた死神がアテンドしてくれるという。

そしてH氏が所属する、災害担当。この場合の災害とは、大きな事故も含まれる。

街で大きな爆発があったとか、飛行機事故で多くの人が亡くなるなど、規模が大きい事故もすべて災害と見なされ、H氏の出番となる。

「だけどね」と、一通り説明し終えたH氏は、真剣な表情で僕たちを見据えて続けた。

「そもそもミーたちは『死神』という呼び名に納得がいきません。まるで死に誘うよ

うな恐ろしい呼び名じゃないの！　断固として抗議するざんす」

「まあ、そうやって説明されるとそんな気がしますね」

僕は腕を組んでうんうん、と頷く。僕たちが死んだ後に迷わずにあの世へ行けるようにアテンドしてくれるのだ。その気持ちは痛いほどわかる。

ひと口に死んだ人と言っても、進んでついてきてくれる人ばかりでないのは想像に難くない。納得できない人、必死に抵抗する人、なかには死んだことすら理解できない人だっているし、残された人を思い、悲しくて泣き続ける人だっているはずだ。

そんな人たちの魂を、行くべきところへ導く役割に日々励んでいるのに「死神」として忌み嫌われては納得いかないのも当然だろう。

「ですから私たちは声を上げます」

と言って、H氏はどこから取り出したのかプラカードを掲げた。

そこには「死神反対！　呼び名を変えろ！」と、抗議の文面が書かれていた。

これもちゃんと書け、ということらしい。

はい、ちゃんと書きましたので……。

僕たちのイメージどおりの死神っているの？
どこの世界にも無法者はいるんです

「じゃあさ」と、ワカが再び疑問を口にする。

死神相手でも聞きたいことを聞くのが彼女のポリシーだ。

「私たちがイメージする死神っていないわけ？　私、そういう死神に会ったことあるんだけど。めっちゃ怖かったわ」

H氏が語るような善良な死神ばかりなら、私が出会ったのは何なのさ、という思いを抱きながらワカが聞いた。

たしかに刈り取る魂を探して病院をうろつく死神の噂とか、死神に目をつけられると連れていかれるといった話を耳にすることがある。そもそもそういう噂や伝承がまったくの創作とも考えにくい。ここは詳しく聞きたいところだと、僕も耳を傾ける。

すると、H氏は気まずそうにため息をつき、口を開いた。

「たしかに、なかにはそんな死神がいるのも事実ざんす」

そう言って詳しく説明してくれた。

基本的に死神は部署によらず、亡くなる直前に現れることが多い。そして、それぞれにノルマが課せられているという。だから死を前にした魂を見つけ、スムーズに死に誘い、あの世へアテンドする。

とはいえ、人間界の営業のように「たくさんの魂を連れてくればいい」というわけではない。死神の役割はあくまでも「この世のバランスを保つため」なのだそうだ。必要以上に魂を連れていったのではそのバランスが崩れてしまう。

だけど人間の中にも悪いヤツがいるように、死神にも悪いヤツはいて、気まぐれで命を刈り取っていくヤツもたしかに存在するという。それが僕たちが昔からイメージする死神の姿というわけだ。

そう言うと「怖い！」と思う人もいるだろうが、その点についてはさほど心配する必要はない。なぜなら、

「死神はそんなに強くないから心配はありません。だから生命力に溢れた人間の魂を戦ってまで刈ることはしないざんす」

ということだ。

これは考えてみれば当然で、死神が扱う魂は、死期が迫り弱った人間ばかり。死神が強くある必要はない。では悪い死神が狙うのはどんなときかといえば「魔が差す瞬間」や「心が弱くなっているとき」なんだという。

そういう心が弱り、力の弱い死神でも簡単に連れていけそうな心の隙をついて、命を持っていかれる場合もあると。まあ、ごくまれだけど。

ちなみに病院をうろつく死神がいるのも本当らしく、「このベッドに寝た患者は必ず亡くなる」とか「あの病室に入ると多くの患者さんが亡くなる」という噂は、もしかしたら横に死神が立って心の弱った患者を待っているのかもしれない。

そこで思い出した話をひとつ。

東日本大震災からひと月後、ワカが「507には気をつけろ」という夢を見た。

「これは何か意味がある」

と直感したワカは、すぐにそれを家族に話し、

「もしこの数字を目にしたら気をつけて」と、注意を促した。

すると数日たって、ワカのお母さんが体調を崩して緊急入院した。そして驚いたことに、その時に病院側から告げられた病室が「507号室」だったのだ！

お母さんはワカの言葉を思い出し、

「実は娘からこういう話を聞かされていて……」

と正直に事情を話したところ、

「なるほど。実際にそういう方はいますから。私も何人かの患者さんでそういう体験

をしています。では、部屋を変えましょう」

すぐに別の病室にしてくれた。

もしその病室に入っていたらどうなっていたのか？　あまり考えたくない話である。
※ちなみに、「507」は実際の数字ではございません。

あの影は一体……。うごめく黒いものは死神だった？


H氏は、「心が弱くなったときでなければ、死神は手は出さない」と言った。元気な魂を連れていくようなことはしない、とも。

実はそれを裏付けるような出来事があったのだ。

悲しいことなので、ずっと忘れようとしていたのだけれど。以前、友人の知り合いが亡くなったときの話だ。その知り合いは、小さな会社を経営していたのだが、リーマンショック後の不況で厳しい状態に追い込まれていたという。

毎日そのことばかりを考え、悩んでいるうちにどんどん顔色も悪くなっていった。

友人は、彼とはそんなに親しい関係だったわけではなかったが、ある時、見るに見かねて、

「従業員の削減も考えたらどうです？　今ならダメージも小さいし、盛り返せるんじ

ゃないですか。誰かに相談してみては」

と言っていたそうだが、従業員のことを考えるとそれはしたくないんだと顔を歪めて手を振られたそうだ。

きっと心が折れかかっていたに違いない。しかも独身だったというから、その辛い思いを共有する相手もいなかったのかもしれない。

そんなある日、友人は彼を街で見かけた。駅前の安い大衆食堂から出てきたのを見かけて声をかけようとした瞬間、彼の後ろに誰かがいることに気がついた。いや、いたように見えたそうだ。なぜなら、真っ黒い影が彼の背中に乗っていたから。

友人は結局声をかけられずに、彼の姿を見送った。

彼の死を知ったのは、その3日後だった。

会社で突然倒れ、救急車で病院に運ばれたが、そのまま帰らぬ人になってしまった。しかもその時に限って、社内には彼しかおらず発見が遅れたというから、まるで死神に魅入られてしまったかのようだったと誰かが言っていたそうだ。

そしてその友人は、今でも言う。

あいつはきっと心が弱ってたんだと思う。マジメなヤツだったから、自分だけで考え込むヤツだったから。誰かに相談できたなら違ったんだろうな、と。

そして自分があの日見た黒い影を思い出しながら言うのだ。

「俺が見たのはもしかしたら……」と。

僕はその話を思い出しながらＨ氏の話をもう一度復唱する。

「どんな死神でも、明るく元気な人の命を持っていくことはできない」

Ｈ氏はたしかにそう言った。

そもそも、そんな元気な魂に戦いを挑むよりも、連れていきやすい弱った魂を狙ったほうがいいのは当然だ。だからこそ、最大の防御策は「前向きに生きる」こと。どんなに辛いときでも、大変なときでも、自分だけで抱え込まずに相談する、前を向ける環境を模索する。生きていれば必ずいいことがあると信じて。

繰り返しになるが、やっぱりそれしかない。

これも死神が、いや、Ｈ氏が教えてくれたこと。

死神は、「死」を司るからこそ、人間の「生」について深く知ることができたのかもしれない。

「どう死ぬか」は、実は、「どう生きたか」の裏返しでもあるから。

死神は、たくさんの死を見ることで、その人その人の生き方と向き合ってきたともいえる。

ひょっとして、H氏は僕たちに教えようとしてくれているのかもしれない。

「どう生きるか」こそが、大事なのだと。

僕たちに言われても……。死神H氏の苦情

そんなH氏がある時、僕たちに吠えまくったことがあった。

「ちょっと、あんたたち！　なんとかするざんす！」

H氏は、キーッとブレーキ音を鳴らして、乗っていた自転車から降りると叫んだ。

ん？　自転車？

「あの……」と、僕は小さく手を挙げると自転車を指差して、

「キックボードじゃないんですか？」

以前は、ボロっちいキックボードに乗っていたことを思い出す。

すると、H氏は「そうなのよ！」と、声を大きくした。

「最近、骨折してキックボードに乗れなくなったざんす。あのキックボードもずいぶん古くなってたから、思い切って買い替えたのよ。やっぱり自転車のほうが安全ざんすね」

「こ、骨折？　死神も骨折するんですか？」

外見がガイコツ丸出しだから、骨折しやすいのか？　そんなどうでもいいことを考えてしまう。すると、ため息をつきながらH氏は首を横に振る。

「疲労骨折ざんす。死神業界は、暗黒をイメージするように本当にブラック企業なのですよ。ミーたちに休みはないざんす」

なるほど。なんだか納得がいく。

たしかに世界中で人が死ぬのに、平日も休日もない。そういう意味では、死神稼業に休みがないのは当然といえば当然だ。

「死神稼業って過酷ね、おつかれさま」と、ねぎらうワカ。

「ありがとう、あんたは優しいのね。しかも最近、なり手が少ないからミーたちも休めないのよ」

「まったく、働き方改革もクソもあったもんじゃないわね」

「でも、あんたは口が悪いわね。レディーなんだから、ミーを見習うといいざんす」

なるほど。やはりH氏はレディーだったのか。なんとなく気がついてはいたけれども、今の会話で確信できた。死神ハーベストはレディー。

「やはり、死神業はイメージが悪いのかもしれないざんすね」

H氏はそう言って、悩ましげにため息をついた。

まあたしかに、進んで嫌われ者の死神になろうとは思わないだろう。とはいえ、なくてはならない仕事だけに、どんな仕事も大変だな、と思う。

そこで僕はハッと気づく。

「ところでH氏、何か用があったんじゃないですか？」

その言葉にH氏は、「そうだわ、忘れていたざんす」と話を始める。

「実は最近、死神たちの間で問題になっていることがあるざんすよ」

そう切り出された話は、なかなか興味深いものだった。

この世で人が亡くなると、みんな死神にアテンドされてあの世へ連れていかれる。これはここまで話したとおりである。

しかし、その時に後悔をする人がとにかく多いのだという。

「でも、死ぬんですから大なり小なり後悔はあるんじゃないですか？」

僕はそう思ったのだが、聞くと、話はそう簡単なものではないという。

「最近、問題案件に上がってる人は、じじばば、いえ、じいさんばあさんの死人に多いざんす。あの世への道すがら、みーんなが口を揃えて言うのよ。『わしゃ、心から悲しまれて死にたかった』って。そういう後悔がハンパなく、それをミーたちは散々聞かされるざんす。だからミーは死神代表として言いたい！『私たちに言われても！』って！」

つまりまあ、こういうことだ。

死んだ人たちはあの世へ行く道すがら、上から残された人たちを見ることができる。多くの場合は、葬儀を終えるまでこちらで残された人たちの反応を見てから、あの世への出発を望む人が多いという。だから自分が死んだ後、残された人たちが自分のことをどう思っていたかを目の当たりにするわけだ。

葬儀会場での参列者の反応、来てくれた人、来なかった人。それを眺めながら多くの人が、

「もっと惜しまれる生き方をすればよかった」

「自分の人生、こんなはずじゃなかったのに」

そんな強烈な後悔をするそうだ。

そして、そうしたグチを延々と聞かされる死神の身にもなってくれ、と。

そしてH氏はこうも嘆いた。

「まったく！　それがわかっているのに、なぜに人間たちはやらないのかしらね？　死んでからじゃ遅いのよ、生きてるうちにやらないと！　ミーはできるだけ親切に接しているのに、『こんな仕打ちがあるか！』とか、『もっと泣かれたいんじゃ！』『わ

しの人生どうしてくれる！』そんなグチをブワーッとぶつけるのよ。ミーたちに言われても！」

痛切なH氏の、いや、死神たちの訴えを聞きながら僕たちは同意する。

たしかにそんなグチを聞かされる死神たちも大変だと、僕たちも心から思う。うん、わかる、わかるよ。だけど、それに対して僕たちも言いたい。

「いや、僕たちに言われても……」って。

だから、僕たちは死んでからそんな後悔をしないよう、自分だけでなく周りの人たちのことも考える生き方をするのが大事だと、改めて感じる。

後悔は生きているうちにしか減らせない。うん、肝に銘じよう。

言いたいことを言って満足したのか、H氏は自転車にまたがった。

「んじゃ、ミーは次の仕事があるので行くざんす。また来るざんす～」

そう言い残すと「チャリーン」と、ベルを鳴らして去っていった。

去りゆくH氏の後ろ姿を見送りながら思った。

死神界の自転車も電動アシスト付きなんだな、と。

第7章

日本の神様は多種多様②

~罰当たりな実験をしてみた。
ギャンブルの神様と競馬でひと儲け?~

えっ？　ギャンブルの神様っているの？

世の中にはいろんな神様がいる。

たしかに、「死神も立派な神様」と言われればそのとおり。しかし、だ。あんな珍妙な死神がいたのには驚きであった。昔から、僕たちの友人知人には変わった人が多いのだが、どうもそれは見えないものも同じらしい。類は友を呼ぶ、という言葉は人間同士だけの話ではないと推測する。

そこで、そんな珍妙な神様との話をもうひとつ。

これは、多くの人が気になるところではないかと思うのだが、そして実は僕がひそかに試してみたかったことなのだが、神頼みしたくなるものといえば、ずばりギャンブルだ！

「運を天に任せる」とか「運試しする」とか、ギャンブルのときにはそんな言葉をよく使う。これこそ、人間が見えないものに願いをかけている証拠ではなかろうか。

ならば、こういう見えない力でひと儲けできたら、どれほどいいだろう。いや、僕だけじゃないはずだ。多くの遊び好きが、そう思っているに違いない。え？　言い訳に聞こえる？　そんなことはない。僕は多くの「そういうのわかったらウハウハじゃねーか」と壮大な夢を思い描く人々を代表して、実験してみたかったのである。本当だ。

まあ、そんな罰当たりなことを思いついたきっかけも、この変なガイコツが持ってきたわけだが……。


「ちょっと紹介したい神様がいるざんす～」

そ、その声は？

僕はパソコンを打つ手を止めて、ハッと顔を上げた。

もちろんその声を仲介してくれているのはワカだし、僕には見えないのだけれど、その大事なことを忘れられては困るからいま一度書いておく。

「あらま、Ｈ氏。お久しぶり」

ワカも気さくに声をかける。死神に「お久しぶり」というのも、なんか変な感じだけれど。

「紹介したいってことは、誰か友達を連れてきてるんですか？」

僕はキョロキョロと周囲を見回しながら聞いた。死神の友達というからには、やはりその類いの神様だろうか？

するとと次の瞬間、ワカがギョロリと目を剥いた。

そこにはパープルのマントに身を包んだ背の高い男が立っていた。艶のある黒髪は肩のあたりできれいにカールされ、口元には整ったちょび髭、頭にはやはりパープルのハットを被り、その様相はちょっとファンキーな吸血鬼という感じだ。

またおかしなのが増えたぞ、と心の中で呟く。

するとそれを察したかのようにＨ氏は、

「最後まで聞いてちょうだいな。こちらはミーの友達でベンジャミンというざんす。まあ、ミーと同じように仕事に差し障りがあるといけないからベンちゃんとでも呼んでもらえればいいわね」

そう言って、吸血鬼男を紹介する。

ベンジャミン、いやベンちゃんは「そんなわけで、どうぞよろしく」と、ウインクした。

隣では、ワカが頭を抱えてうなっている。

「どうしてうちにはこんな変な生き物がやってくるわけ？」

妻よ、もう諦めろ。すると、

「そうおっしゃらずに。確かに変かもしれませんが、アタシの力はきっと皆さんのお役に立てると思いますよ」

ベンちゃんは意味ありげな微笑を浮かべた。

ううむ、やはり見えない世界では心がわかるのか？と、僕は腕を組む。うかつなことを言えない、いや、思えない。

「でも、死神の力は私たちの生活に関係ないじゃん？　私、まだまだ死なないからね」

「そうそう。勝手に人を殺さないでもらえますか？」

僕たちが口をそろえて言うと、Ｈ氏はチッチと長い指（骨？）をタクトのように振った。

「ベンちゃんは、死神ではありません。ミーとはファッションの趣味で気が合って仲良くしていますが、実はギャンブルの神様なんざんす」

「えーっ！　ギャンブル？」

思いもよらぬ言葉に僕ら夫婦はのけ反った！

「ギャンブルって……あの……いわゆる賭博のことですか？」

「ほかに何があるざんすか？　ギャンブルとはもちろん、パチンコ、麻雀、競輪、競艇、競馬、その他諸々、賭博産業のことよ」

ピンクの死神は、さも当然とばかりに言い放った。

「あの〜神様が博打を後押しするって、それいいんですか？　ありえなくないですか？」

僕はまさに正論で言葉を返す。

するとＨ氏は両手を広げ、やれやれとばかりに首を横に振った。

「あんたね、神様だって遊びたいときがあるざんす。いろんな神様がいていいじゃありませんか」

そんな堅いことおっしゃるな、と広げた手のひらを向けてくる。

聞けば、たしかに日本の神様にはギャンブル好きもいるらしい。奈良の今御門町《いまみかどちょう》にある道祖神社の神様は「賽《さい》の神」とも言われている。「賽」とは博打でも使われるサイコロのことだ。

その神様はあろうことか、薬師堂町の御霊神社の神様と博打をしたのだという。

しかし結果は惨敗。氏子たち（神様を信仰する人たち）をすべて取られてしまい、破れた蚊帳だけが残されたという伝説が残されている。今でもその神社では、秋の大祭では賽を祀り、「蚊帳のやぶれ」という儀式を行っているほどだ。

なるほど。日本の神様にもギャンブル好きがいたのなら、なんとなく話がわかる。

なんせ僕は日本の神様の話を書いている人だから、そこにある程度の裏付けが欲しくなるのだ。

そして、もし本当ならば、それはそれでおもしろい。なにより、儲かるかもしれない。

僕のセコイ考えが、ムクムクと頭をもたげてきた。

「H氏、ちょっと実験してみたいんですが。あくまでも実験ということで」

そう言って僕は、いそいそと揉み手をした。

「そうこなくっちゃ！　しかし、ひとつだけ断っておきますが、ベンちゃんはまだ修行中の身です。今回は彼の練習台としておつき合いいただくということでお願いするざんす」

修行中？

練習台？

その言葉になにやら不安を覚えつつも、僕たちはこの提案に乗ることにしたのだった。

そして僕たちが試すギャンブルは、やはり競馬だ。

マジメなだけじゃつまらない。神様もイタズラ好きなんです

「はじめにお話ししておきたいことがあります」

自称ギャンブルの神様（修行中）ベンジャミン、通称ベンちゃんの言葉に僕たちは姿勢を正した。

「ギャンブルの神様を、まあアタシを含めてですが、味方にするのに必要な条件がふたつあります」

「ふたつ……」

僕たちはごくりと唾を呑み込む。

「遊び心を持つこと。誰かを喜ばせること。このふたつです」

ベンちゃん曰く、「ギャンブルは遊びである」という前提が大事だという。

だから「これでひと山当ててやろう」とか、「これで生活費を稼いでラクしよう」という考えでは、ギャンブルの神様といえど味方に引き入れることはできないそうだ。

まあ、これは当然の話だと僕も納得する。遊びじゃないお金を、ギャンブルに投じてはいけない。基本だ。

また、そのためにちょっとした条件をつけたりもするらしい。交換条件というほど

でもないが、制約があるほうが人間も神様も楽しいだろう、ということだ。

その話を聞いて、僕はあることを思いだした。自分の身に覚えがある、リアルな経験は忘れるものじゃない。

あれは、ワカと出会う前。僕がまだ社会人になって間もないころだった。会社の同じ部署に、やはりそういう感覚を持っている女性の先輩がいた。残業で居残っているとよく、工場の隅に立っている人がいるとか、誰もいない隣の部屋から話し声が聞こえるとか。そういう話をよく聞いては、ブルッと身を震わせていた。

ある時、その先輩も競馬をすることを聞き、話が盛り上がったときのことである。

「私さあ、勝つ馬とか、くる馬券がたまにわかっちゃうんだよね」

彼女は頬杖をつきながら、ぶっきら棒に言った。

「えっ、マジっすか？」

僕は身を乗り出して聞き返した。

すると先輩は、かつて的中させたいくつかのレース名と馬名を教えてくれた。それを聞きながら「もし、それがわかれば……」と、淡い期待を抱いたのは事実だった。

「今週のレース、僕、馬券を買いにいくんで教えてくださいよ」

正直、「まさかな」とは感じていた。だけど、その先輩は冗談を言ってるようには思えなかったし、自分のそういう力を周りに吹聴する人じゃなかった。だから、どこかで信じたのかもしれない。

その週末は皐月賞という大きなレースがあって、僕の好きな馬も出走することになっていた。

すると先輩は、

「いいわよ。いつもわかるわけじゃないけど、もしわかったら連絡してあげる」

そう言うと、「ただし」と、人差し指を顔の前に立てた。

「私が見えるというか閃くのは、レース直前なの。発走の5分前。だから間にあったらね」

と念を押された。

そしてレース当日、僕は車で1時間ほど走ったところにある場外馬券売り場にいた。メインレースには僕が好きな馬が出ている。当然、馬券もその馬を中心に買っていた。その番号は1番、白い帽子の馬だった。

場内は多くの人でごった返し、オッサンたちがモニターのオッズ情報やパドックでの馬の状態を食い入るように見つめていた。発走時間が近づき、場内のテンションも上がってきたときのことだ。

ポケットの携帯が震えた。

「誰だよ、こんな大事なときに！」

そう呟いて携帯を取り出すと、画面に先輩の名前が表示されていた。そこで僕はようやく、先日の約束を思い出す。そして、期待を込めて着信ボタンを押した。

「もしもし」

「今日は見えたよ、馬券を獲りたいなら……」

先輩は勝つ馬ではなくて、ふたつの番号を告げた。7番と14番。残念ながら1番ではない。

僕は礼を述べると、財布を取り出した。しかし、約束をすっかり忘れていた僕は、お金をすでに使いきり、財布はほぼ空っぽだった。しまった……。

額に手をやり、自分のバカさ加減を呪った。だが、僕はあることを思い出し、ジーンズの尻ポケットに手を突っ込んだ。そこには、先ほどのレースで的中させた馬券が一枚入っていた！　ちょうど1000円くらいにはなるはずだ。ダッシュで払戻機へ走ると、その払戻金で7番と14番を組み合わせた馬連（1着と2着の組み合わせを当てる）を購入した。

レースは、スタートと同時に1番が躓き、後方からとなるアクシデントから始まった。僕がその時点で青ざめていたのは言うまでもない。それでも中盤で盛り返すと、最後の直線では、白い帽子が外から良い足で追い込んできて、僕は「行けー！」と叫んでいた。

しかし、結果は3着。やはりスタートでの躓きが大きかった。そして、その前にいた2頭が7番と14番の馬だったのだ。

そんなわけで、自分の予想は外したものの、僕はオケラにならずに帰途につくことができた。

案外、忘れてるくらいがちょうどいいのかも。あの時、僕が「しめしめ、これで儲けてやろう」なんて、資金をたくさん用意して待っていたら、携帯が鳴ることはなかっただろう。

また、こんな話もしよう。

ワカは競馬場でオッサンたちとよく仲良くなる。地べたに座り込んで一緒にお酒を飲んでいたこともある（さすがにこの時は驚いた。オッサンたちの中にワカが紛れていて、ゲラゲラ笑ってるんだから）。

ワカいわく、そこでの競馬談義が楽しいそうで、みんな「当たるも八卦当たらぬも八卦」の精神で純粋に競馬というゲームを楽しんでいると言っていた。あくまでちょっと余裕のあるお金で楽しむ道楽だと。そして、

「競馬場のそういうオッサンたちの中に、意外と本物がいんのよ」

と、衝撃的な話を教えてくれたのだ。

実際にワカが出会ったオッサンで、

「マサさんに聞くと不思議と当たるんだよ」

「マサさんのおかげでよ～、先週はオケラにならずに済んだんだ」

と、頼りにされているマサさんという人がいたらしい。

ワカも実際に会ったときに、直感で「あ、こりゃわかる人だ」と気づいた。するとマサさんもワカを見てニヤリとし、こっそりと、

「ま、俺がわかるのは牝馬（メスの馬）の重賞（大きなレース）限定だけどな。女を見る目はあるんだよ」

と笑ったという。

「わかるって大変なのよ。だから競馬で遊ぶ楽しみでもなきゃ、やってられないってこと」

妻は大きく頷いて、そう言った。

ある人は、レース直前でないとわからない。

ある人は、牝馬限定の大きなレースでないとわからない。

そうやって制限をかけられたうえで「どう楽しむか?」を考える。そういう遊び心を忘れない人だから、勝利の女神もちょっとだけ微笑んでくれるわけだ。

まあ勝利の女神とはいうけど、ギャンブルの神様があんなドラキュラ男だとは思わなかったけど。

悪いヤツをぎゃふんと言わせた、ギャンブルの神様のイタズラ心

「だけどギャンブルの神様の立場になってみると、わかる気がするわね。変に大きなお金が当たって身を滅ぼされたり、恨まれたりしたらたまったもんじゃないし」

ワカが眉間にシワを寄せて、頷いた。

「それに神様だって『ほれ、このくらいのことできるんだぞ』って、見せつけたいときがあるだろうしね」

そう言って僕が笑った瞬間、頭の中で何かがカラリと音を立てた。

「ん? 見せつけたい……」

はて、なんだかおもしろい思い出があった気がする。額を指でトントンと叩きなが

ら、記憶をたどる……。

「思い出した。キミさ、新潟で変な兄ちゃんに絡まれたときあったよね？」

ワカに指を向けて確認すると、

「ああ、そんなこともあったわね。すっかり忘れてた」

とカラカラ笑った。

これもきっとギャンブルの神様のイタズラだな、と今にして思うことがもうひとつあったのだ。それは僕たちが新潟で小さいおじさんと出会った翌日の出来事だった。

次の日も、僕たちは新潟競馬場で朝から遊んでいた。なんせ本来の目的は競馬である。

それは、馬が周回しているパドックで起きた。ワカが競馬新聞に目を落として、馬券の検討をしていたときのことだ。

「イテッ」

突然ぶつかってきたサングラスをかけた兄ちゃんが、持っていた鞄や馬券を落として睨みつけてきた。ワカは、一方的にぶつかってきたうえ、大げさに持ち物を落とす仕草に「やだなあ、なんか因縁つけてくる気でしょう。この忙しいときに」と直感し、腹の底で「どうやって片づけるか」を考えていた。

「おい姉ちゃん、危ねえだろ！　アンタがぶつかってきたせいで、買った馬券落としちまったじゃねえか。これで運をなくして外したらどうしてくれんだよ！」

強い口調で迫ってきた。

ワカは、やっぱり、と心の中でため息をつき、眉を八の字にした。しかし、腹の中では「さてどう切り返そうか」としっかり計算する。

「それはごめんなさい」と、まず謝った。自分は悪くないのに謝るなんてよくない！だから日本人は舐められるんだ！と、思う方もいるだろうが、そこはご勘弁いただきたい。

妻はなんというか、そこで相手に勝つというよりも、早く自分の馬券を買ってレースを楽しみたいのだ。つまり、目的を遂行するためには平気で謝る！　だって、ここでケンカしたって時間の無駄だから。しかし、そこで終わらないのがワカのワカたるゆえんである。

そして、相手が落とした馬券を拾うとジッと内容を確かめた。人気馬ばかりを買った馬券に「ふっ」と笑みを漏らす。

「お兄さん、残念だけどこんなチンケな馬券は当たらないよ」

正面切って売られたケンカを買ったのだ！　なんとまあ、恐ろしい。しかし、競馬場というところは何が起きるかわからないので、実は私服のガードマンがたくさんいる。そういうことも見越して動くのが彼女なのだ。この兄ちゃん、相手が悪かった。

ワカは競馬新聞に目を落としてから、

「お詫びと言っては何だけど、騙されたと思って今日のメイン、5と10の馬連とワイドを買ってみなよ。当たるから」

そう言って新聞をパンと叩き、拾った馬券を彼の眼前に差し出した。

その兄ちゃんは競馬新聞を一瞥して、

「こんな馬くるわけねえだろ。バカにしてんじゃねえ」

奪うように馬券を取り返すと、捨て台詞を吐いて行ってしまった。

その話を知ったのは、その日のメインレースの後である。レースは波乱の決着で大きな配当がついた。勝負に出た馬券を外し、「こんな馬券買えないよー！」と、僕が新聞を叩きつけたときだった。

近くにいたオッサンが、ワカに走り寄って「姉ちゃん、スゲーな。さっきパドックでアンタが言ってるの聞いちゃって買ったんだよ！　大当たりだ！」と喜んでいるではないか。

僕はオッサンからその話を聞き、肝の据わったワカの対応に舌を巻くと同時に、驚愕した。

「1着は5番。2着は10番……って、当たってんじゃん！　やったー！」

僕はそう叫び声を上げると、

「で、いくら買ってた？」

と聞いた。

しかしワカは、バツが悪そうに、

「それが……買わなかったのよ。あの時は頭にその番号が浮かんで、とっさにその2頭を買えって言っただけ。ああクソ、なんで私はこんなに馬券の買い方が下手なんだ〜」

と嘆いていた。僕はそれを聞いて苦笑するしかなかった。

ワカはいつもそうだ。たまに神様のイタズラのようにキラリと馬が光って見えたり、数字が浮かんで、実際にその馬が激走することがある。見事に1着でゴールしたのを見て僕が、

「やった！　で、いくら買ってた？」

と聞くと、だいたいが「買ってない」という答えだった。そんな馬券下手だからこそ、ギャンブルの神様がおもしろがって、「ほら、これだ〜」と教えたくなるのかも

しれない。

そして僕たちが悔しがる姿を見て、ケラケラと笑っているのかも。

なるほど。人間も神様も遊び心があるからこそ、というわけだ。

そして同時に思いを巡らせる。その新潟競馬場の兄ちゃん、レース結果をどういう気持ちで見てたんだろう、って。想像するだけでおもしろい。

「誰かのために」。その心が神様に響くのです
「そして、次の『誰かを喜ばせること』ですが、これはおわかりですよね」

ベンジャミン、いや、ベンちゃんが試すような視線を向けてきた。

僕たちは、もちろんと顎を引く。

「やっぱりギャンブルはあくまで娯楽。生活費を賭けたり、自分だけが儲けようとするのはダメ。だけど人のためであれば、神様だってたまには力を貸すことだってあるってことですね」

僕が言うと、「ご名答」とベンちゃんは人差し指を立てた。

だいたいワカは、

「ケッ。自分のために役に立たないこんな力、ないほうがいいんだよ」

と、常々言っている。ギャンブルに限らず、見えない力というのは他人のためにしか使えないわけだ。

しかも僕たちは、ギャンブルにおいてもその事実を二度にわたり実際に経験していたから納得だ。

一度目は、ワカが知り合いの競馬関係者との会話中に起きたことだった。

彼は競馬の出版物に携わる仕事をしていたのだが、近年の不況のあおりを受けて収入が激減。生活にも困るような状況に追い込まれていたという。

「とにかく今をしのげれば」

そう苦しげに言うのを聞いたワカは、「なんとかしてやりたいなあ」と思っていた。

そしてその週の日曜日。僕たちが何げなく見ていた競馬番組で、ワカが一頭の馬に目を留めた。そして、スポーツ新聞で馬番を確認すると、おもむろに携帯を取り出し、知り合いに電話をかけた。

そのレースは、10番人気の馬が低評価を覆して優勝。単勝でもかなりの高配当になったと記憶している。

後から聞くと、あの瞬間「あ、この馬が勝つわ」と確信したワカは、すぐさま電話でそれを伝え、

「私を信じて単勝を買え」

と言ったのだ。そこまで言い切るワカもすごいが、それを信じてなけなしの金をつぎ込んだ彼も相当なものである。結果、彼は急場をしのいだことでなんとか助かったようで、今では新たな職場で頑張っている。

「こんなときは勘が働くんだけどねえ」

ワカはそうぼやいていたが、この時も自分は馬券を買っていなかった。

なぜなら、彼に伝えるのに必死で自分のことは頭になかったから。

ま、そんなものである。


しかしもうひとつの経験は、違う。なぜなら、僕たちが実際に馬券を買い、その配当のおかげで、自分の愛するものが救われたからだ。

それは、ワカを救ってくれた一頭の馬のためのものだった。ある理由があって、その馬は生きられない状態になっていた。だけど、自分が買い取れば救える。彼女はそう決めた。彼を救うためには、大金が必要だった。当時、僕はまだ会社員で、そこまでの資金をすぐに用意することは到底無理だった。

それならばと、ワカは神頼みをした。なんとかその馬を救うために競馬の神様助けてくれと本気で祈ったという。

その願いが届いたのか、週末の日曜日。僕たちが足を運んだ福島競馬場。その日のメインレースは、宝塚記念GⅠレースだった。

別にここで稼ごうと意気込んで行ったわけではなく、僕たちがつき合っていたころに最初に観戦したのがこのレースだったために毎年の恒例みたいになっていたのだ。人気投票で選ばれた馬たちが走る夏のドリームレースとあって、その日の競馬場も沸き立っていたのをよく覚えている。

3時を過ぎ、いよいよメインレースの馬がパドックに出てきた。僕たちは福島競馬場のターフビジョンに映し出される映像を芝生の上で眺めていた。その時だった。ある馬のところでワカのムードが変わったのがわかった。そして意を決したように立ち上がり、馬券売り場へと歩を進めた。

後で聞いたところ、馬券売り場のおばちゃんから、

「これ、桁をお間違えじゃありませんか?」

と確認されたという。さすがにその金額を聞いて、僕もたまげたものだ。

その結果は言うまでもあるまい。

見事にその馬が優勝し、僕たちはその馬を買い取り、救うことができたのである。

そのふたつの出来事を思い返しながら僕はもう一度、ベンちゃんに向かって言う。

「大丈夫です。自分だけがいい思いをしようとは思いませんから」

本心かどうかは怪しい言葉を、僕はにやけながら発していた。

さて、どうなることやら。

実験開始！　神様の力でギャンブルで儲けられるのか？

それが実行に移されたのは、競馬が最も盛り上がる秋のＧⅠシリーズの真っただ中だった。ちょうどいい日を、ベンちゃんが指定してきたのだ。

「いよいよだね。体調はどう？」

僕は福島競馬場へ向かう車の中で、助手席のワカに声をかける。

「ふふふ、バッチリよ。きっと私に直感が降ってくるのよ。つまりは、いつもどおりに競馬を楽しんでいればいいはず」

そう言いながらも、目には気合いの火がともっている。ワカも勝負師だから、絶対に勝ってやるという意気込みを感じる。

「ところでさ、ベンちゃんは今、何をしてるの？」

「なんか必死にお祈りしてるけど」

ワカがそう言って、上を指差す。

「ええっ？　ギャンブルの神様が何に祈ってんの？」

どちらかといえば、祈られる立場であるような気が……。

「まあ、自分の修行の成果が試されるってことで、ドキドキしてんじゃない」

と、カラカラ笑った。

そんな感じで道中は至って順調だった。その日、僕たちに課せられた制約はただひとつ。馬券を買うのはワカひとり、僕は今日一日、馬券を買ってはダメですよ、と言われた。それを聞いたとき、

「そのくらい全然問題ないですよ、ちょろいちょろい」

僕は手をひらひらと振りながら言った。

ギャンブル依存症なわけでもないし、僕は一日競馬観戦を楽しめばいい、そう思った。

メインレースは、世界の強豪が集まるジャパンカップ。近年は、強い外国馬の参戦はなくなったものの、豪華な面々がそろうとワクワクする。

その日、福島ではレースが行われていないため、ターフビジョンや場内のモニター

での競馬観戦となった。そのせいか、空いている席も比較的簡単に見つかり、ワカは早速予想に入る。僕は、インフォメーションに置いてあったレースプログラムをパラパラとめくった。今日は僕自身、競馬はしないので新聞も買っていないのだ。

プログラムには出走する馬と騎手の名前が並んでいた。

「おっ、今日も武豊騎手は、結構乗るんだな」

僕は大の武豊ファンなのだ。

レースは全部で12レース行われる。メインは11レースだが、どこで閃きが来るかはわからないらしい。

1レース目の馬がパドックを周回し始めた。ワカはモニター越しに真剣な眼差しを向けている。

「どう？　閃いた？」

僕が聞くと、ワカはうーん、と首をひねって、

「とりあえず1レースは、この4頭でいくわ」

と、印をつけた4頭をポンポンと赤ペンで指した。

結果は、ワカの指名した馬が1着2着に来て、的中。大きな配当ではなかったが、幸先のいいスタートだった。

しかし、2レースは外れ。その後のレースも勝ったり負けたりの繰り返しで、買ったレースもそれほどの配当にはならなかった。

「来た！　ここが勝負よ！」

と、張り込んだ午後の最初のレースも、期待した馬が最後に後方から勢いよく追い込んでくるも届かず4着まで。軍資金は減っていく一方だった。

僕の脳裏には、

「おーい、ギャンブルの神様。大丈夫なのか？」

そんな不信感が芽生えつつあった。

8レースを終えたところで収支は大幅にマイナス。なかなか厳しい状況と言わざるを得ない。とはいえ、一発で大逆転が可能なのも競馬の魅力である。ワカも同じような気持ちなのか、

「当たんないなあ～。やっぱりここはメインで大勝負なのかな～」

赤ペンを耳にはさんで腕組みをする。

やはり、ギャンブルの神様の登場は、それに相応しい舞台でということか。

10レースが終わり、いよいよメインレースの馬がパドックに姿を現した。福島競馬場ではレースが行われていないにもかかわらず、気がつけば場内には人が溢れていた。

それだけ注目を集めたレースというわけだ。

1番人気は春の天皇賞を勝った実力馬。それに海外でのレースに勝って凱旋した馬や、昨年の暮れにドリームレースを勝った馬が人気を集めていた。とはいえ、今日のワカは閃き勝負だ。モニター越しに鋭い視線を送るワカの横顔から、その真剣さがひしひしと伝わってくる。僕は拳を握りしめてワカを見守る。

しばらくしてワカが「よしっ」と声を上げ、

「ここは1頭を頭に絞って買おう」

そう言って膝をポンと叩いた。

ワカの勝負馬券は、最も配当が高くなる3連単（1着、2着、3着を順番どおりに当てる馬券）だという。

とはいえ、人気馬を1着に固定するので、2着と3着を手広く買って人気薄が入れば高配当を狙えるという作戦だ。

「行ってくる！」

力強くそう言うと、ワカは馬券の購入窓口へと向かった。

レースは序盤から思惑どおりの展開となった。

ワカが購入した馬がスタートを決めて早々と先頭に立ってレースを進める。後続の馬たちは様子を見ているように動かない。そのまま最後の直線に入った。

僕たちは「行けー！」と叫んだ。周りからも大きな歓声が沸いた。

ワカが購入した馬は後続を引き離し、そのまま先頭でゴール。

僕たちは「やったー！」と、抱き合って喜んだ。

さて、配当はというと、最後に２着、３着に突っ込んできた馬が人気薄であることを願ったが、そうは問屋が卸さなかった。まあまあ人気のある組み合わせだった。

一日の収支はプラスマイナスゼロといったところ。まあ、一日楽しめたからよしとしよう。そんな感じだった。

マンションに帰ると、ベンちゃんが申し訳なさそうな顔で待っていた。

「面目ない。アタシもまだまだ修行が必要みたいです」

無念、と悔しそうに息を吐き出した。

「まあでも、僕たちも楽しめましたから」

「そうそう。勝つも負けるも世の常って言うし」

そう励ましながら、僕は頭の中で今日一日を振り返っていた。

途中で芽生えた若干の不信感のせいか？

直感ではなく配当で微妙に決断が揺らいだときがあったからか？

僕とワカにもそれぞれ思うところがあった。

だけど、それはそれでギャンブル。すべては自己責任なのだ。

「もう一度出直してまいります、その時はまたどうぞよろしく」

そう言ってベンちゃんは頭を下げ、マントを翻して去っていった。

「まったく、マジメすぎるのが玉にきずざんす」

自転車に乗ったH氏が現れて、やれやれという口調で言った。

「でも、H氏も死神稼業で可哀そうな魂に接するうちに鬱になったんでしょう？」

「H氏もそれだけマジメってことじゃないですか？　だから気が合う」

僕たちの言葉にH氏は照れたように笑うと、

「それではミーも行きます。またおもしろい友達を連れてくるざんす～」

と言って軽やかに電動付き自転車をこぎだしたが、一瞬何かを思いだしたように振り返ると、

「あんた、ズボンのポケットから何か出てるざんすよ～」

……僕のポケットから、馬券が覗いていた……。

それは、武豊騎手の応援馬券なら買ったことにならないよね、大丈夫だよね、と魔が差してコッソリ購入した馬券だった。

制約があるから人間も神様もおもしろい。

そして、規則や校則も、それをこっそり破るのも楽しみのひとつになりうるということで。

もしも、僕が馬券を買わなかったらどんな結果になっていたのか？

世の中で「もしも」の話ほど、意味のないものはない。

第8章

僕たちが経験した不思議な話

祖父の意思で飛んできた設計図の謎

ここまで僕たちが出会ってきた不思議な生きものの話をしてきたわけだが。実は何度か、不可解としか言えない現象が起きたこともある。ここまできたら、もう余すところなく話してしまおう。減るもんじゃなし(そういう問題か?)。

そのひとつが「瞬間移動」である。大丈夫だ、僕の意識はしっかりしている。余計な心配はいらない。

とはいってもだ。物が消えて、そしてパッと現れる「その瞬間」を見たわけではないから、臆測ではあるが、とにかく普通に考えたらありえないような出来事が起きたのは事実なのだ。僕たちは今でも祖父、いや、じいちゃんの執念だと思っている。

それを説明するのに、ちょっとだけ時を戻させてほしい。

今から約60年前の出来事である。

小さな港町で歯科医を営む家族がいた。院長である父親は大変な釣り好きで、その日も家族が寝静まってから、ひとり夜釣りに出かけていった。

「今夜は波も穏やかだし、静かだなあ」

そんなことを思いながら釣り糸を垂らしていると、水面にある変化が起き始めたことに気がついた。みるみるうちに水面が下がっていったのである。その瞬間、

「大変だ！　津波だ、津波が来る！」

長年、港町で過ごしてきた彼は、津波の前には波が引くことを知っていた。

「しかし地震は感じなかったが？」

通常、津波の前には地震があるものだと認識していた彼は、怪訝に思いながらも家に飛んで帰った。

そのころ、家では妻と子どもたちが夢の中だった。一度だけサイレンの音で目を覚ました妻が外へ出てみると、近所の奥さんたちも集まっていた。

「あの音、何だったのかしら？」

「サイレンが一度鳴ったけど、そのあと詳しい放送もないしねえ」

みんながそう口々に言うと、

「どこかで火事でもあったんでは？　このあたりじゃなさそうだから大丈夫でしょう」

そう結論づけて、それぞれ家に戻っていった。妻も例に漏れずに再び夢の中へ。

血相を変えた夫が部屋に飛びこんできたのは、その直後のことである。

「なに呑気に寝てるんだ！　津波が来るぞ。早く逃げろ！」

怒鳴りながら家族を叩き起こすと一目散に高台へ避難した。そして、津波はやってきた。

彼らは一命を取り留めることができたのである。

これが1960年に起きたチリ地震津波だった。地球の裏側のチリで起きた地震が引き起こした津波は、丸一日かけて日本の太平洋沿岸を襲ったのだ。そのため津波の前兆とされる地震がなかったのだ。国内での死者・行方不明者は142人にのぼり、リアス式海岸が長く続く三陸海岸沿いが特に大きな被害を受けた。彼の家もその三陸海岸沿いだったのだ。

津波の被害を目の当たりにした、その経験があったからだろう。彼、すなわち僕のじいちゃんがその後に建てたのは、当時としては歯科医院と居住スペースだけに使うにはもったいないような5階建てのビルだったのだ。しかも1階部分は吹き抜けで駐車場しかないという贅沢な作りだった。

僕自身、子どものころからじいちゃんに会いにいくたびに4階まで昇らなきゃいけないから「面倒な建物だなあ」と、文句タラタラだったのを思いだす。

その建物の意味を僕たちが知ることになったのは、2011年3月11日に太平洋沿岸を襲った大津波だった。そう、東日本大震災である。

周辺の建物が根こそぎ流されるなか、じいちゃんの残してくれた建物が、父をはじめスタッフや患者さんの命を救ってくれることになった。1階部分が吹き抜けで津波の威力を半減させたこと。2階部分まで塩水に浸食されない素材を用いていたことで、いかに津波から家族を守る構造に腐心したかを僕らはのちに悟ったのである。で、話はここからなのだ。津波から10日ほどが過ぎ、ようやく建物の中に入れたときのこと。

津波は3階部分まで達していたので、2階はすべて波に持っていかれて空っぽだったのだが、泥の中にじいちゃんの位牌だけがちゃんと残されていたのだ。ほかのものは何も残っていなかったのに……。

「ワシは絶対に流されんぞ」

それを拾い上げたとき、僕はそんな強い執念を感じた。

が、驚くことはそれだけではなかった。

震災から2年がたったある日のこと。何の前触れもなく、ワカのお父さんから電話があった。

「おい、タカ。気仙沼の建物の設計図、持ってきたか？」

突然の問いかけに僕は意味がわからず、

「あの建物の設計図？　そんなの僕、見たことありませんよ。それにあれは流されちゃったはずですけど」

建物の設計図は、1階の駐車場脇にあった機械室に保管されていた。あの後、僕の父も捜したが完全に波にのまれていて、見つけることができなかったと聞いた。

僕がそれを説明すると、しばらく沈黙した後に、

「いや……、それがあるんだよ。家の物置の中からほこりまみれで出てきたんだ。だからてっきりタカが持ってきたと思って」

その言葉に僕は眉をひそめる。たぶん見間違いだろう、だってあの設計図が気仙沼から100キロも離れた仙台の、それもワカの実家の物置にあるはずがないのだ。

僕は早速、ワカの実家へ行き実物を確かめることにした。とはいっても、「これは違いますよ」と笑って済ませるつもりだった。しかし……、

「た、たしかにこれは、あの建物の設計図です。構造もそのままだし」

僕は驚愕の声を上げ、茫然と眺めるばかりだった……。

今でも信じられない話だが、本当のことだ。

だから僕はこう思っている。

きっと、「ほーら。俺はここまで考えて設計したんだぞ、スゲーだろ」と、祖父がアピールするために仙台の地まで設計図を移動させたんじゃないだろうか。

もちろん真相は今も謎だが、僕たちは祖父の意思で、設計図が瞬間移動してきたと本気で信じている。だってそれ以外に考えられないし、そう思ったほうがなんだか嬉しいからだ。

ワカのお父さんを救ってくれたハンコの気持ち

瞬間移動とはちょっと違うけれど、「物」に関する不思議な話をもうひとつしよう。

たぶん、多くの人が経験していること。だけど、みんなが「気のせい」で流しているであろうこと。

ある日、自分が大切にしていたものがなくなって、いくら探しても見つからない。諦めかけていたときに、

「えっ、ここって何度も捜したはずなのに」

という場所からひょっこり現れる。そんな経験は誰でも一度や二度くらいあるのではないだろうか。だけどそれは、気のせいではないかもしれない。

これは、そんなことを痛切に感じた出来事である。

「うーん、やっぱりねえな」

ドタバタと、鞄や家じゅうの引き出しをひっくり返していたワカのお父さんが立ち上がり、腕を組んで眉根を寄せた。

「どうしたの？」

部屋の様子に驚いたワカが声をかけると、

「ハンコがない。明日大きな買い物をする予定で必要だったんだけど」

そう言って無念の表情を浮かべ、

「仕方がない。こんなに捜してもないってことは、今回は縁がないに違いない。明日の契約はやめだ。新しいハンコを作って、日を改めればいい」

そのハンコとは、ワカのお父さんが姉からもらった大切なものだった。

父親を早くに亡くし、母も病気がちだったため、母親代わりになって育ててくれた10歳も年の離れた姉が、弟が高校を卒業したのを記念して作ってくれた水晶のハンコ。

それがちょっと大きな買い物をしようとしたら、突然消えていたのだ。

ワカのお父さんはそれでも諦めきれなかったのか、「仕方がない」と言った後も、しばらく部屋の中を捜しまわっていたが、ついに見つかることはなかった。

ところがそれからしばらくたち、驚愕の事実が明らかになった。

なんと、契約しようと思っていた相手が、実に巧妙な詐欺的商法の業者だったのである。

ハンコがなく、「今回は縁がない」と早々の判断をしたおかげで、父は被害をこうむらずに済んだのだ。僕たちは、

「本当によかったわ。あのハンコがなくなったおかげかもね。もしかしたらハンコが自分で姿を消してさ、守ってくれたのかもよ」

ワカが、やれやれという感じで言った。

お父さんも、

「まあ、そうかもしれないな」

とバツが悪そうに苦笑いを浮かべると、それをごまかすように傍らに置いてあった鞄の中をイジリだした。その時だ。

「ん？」

ワカのお父さんの動きが止まり、みるみるその目が大きく開かれていった。

「どうしました？」

僕が声をかけると、その声で我に返ったようにこちらを向くと、鞄の中から小さなきんちゃく袋を摘まみ上げ、

「あった……」

「へ？」

「あったよ、ハンコ……」

そう言って袋から取り出したのは、美しい水晶のハンコだった。

「ええっ？　お父さん、鞄の中捜さなかったの？」

「いや、何度も捜したよ。いつもここに入れてたんだから！　そもそも真っ先に捜したのがこの鞄だぞ」

そう言って鞄を掲げる。僕もあの日、その鞄をひっくり返していた姿を覚えているので間違いない。ワカのお父さんはもう一度「うーん」とうなると、しげしげと鞄の中を覗き込み、

「ここ見たんだよ、絶対に何度も見たのに。おい、ハンコ。一体どこに行ってたんだ？」

と、ハンコに本気で問いかけていた。

詐欺に遭いそうになった父を救うために、ハンコがどこかへ身を隠していた。そう

としか考えられない出来事である。

もしそんな、「あれっ？　おかしいぞ」という出来事で、やろうとしていたことができない、進められないと感じたときは一度、冷静にそれを見直してみるといいかもしれない。

もしかすると、

「おい、ダメだ！　おい、やめろ！」

と、見えないものが叫んでいるのかもしれない。

人は、大きなトラブルに遭った後に思い返してみると、「あの時、やめておけば」というタイミングが必ずあるもの。

だけど多くの人が、それを押し切ってやってしまう。せっかくやめるタイミングがあったのに……。

きっとこれは誰にでもある話。

「あれ、おかしいな」

そんな出来事があったときは、誰かがあなたに「やめておけ」と囁いているのかもしれない。そんなときは、いったん立ち止まって、見直してはどうだろうか。声なき声に耳を傾けることで、トラブルが減らせるかもしれない。

さすがにハンコが消えるようなことまではないだろうけど。

脳内アナウンスが流れる女

最後に。これは僕たちの話ではないのだけれど、ワカととても境遇&性質が似ている人の話をさせてほしい。

というのも、いろいろな経験をした僕らからしても実に興味深い話なので、ぜひ知っていただきたいのだ。

彼女とは、行きつけのジュエリーショップのスタッフだったことをきっかけに親しくなり、もう長いこといい関係を続けている。そして、偶然にも彼女はワカの高校の後輩だった。

名前はマリーちゃん。

仲良くなって間もなく、僕らは彼女の不思議な感覚に気づき始める。

はじめは「たぶん彼女もわかる人だな」程度。だけど、自分から言いださない限り、こちらからわざわざ聞いたりはしない。で、ある時、何かの拍子に初めてカミングアウトされたわけだ。

そして、その中で僕たちを驚かせたのが、ある能力の話だった。

それは彼女自身も不思議に思い、そしてちょっとだけ悩み、他に症例がないものかと、インターネットを駆使して探したそうで、ある日、

「ワカさん、こんな経験ありませんか？」

と真剣な眼差しで聞かれたのである。

その気になる能力というのが、「脳内アナウンスが流れる」というものだった。

わかりやすいように、ちょっと再現ドラマ風に説明しよう。


ピンポンパンポン～♪

小学校の校内放送で聞いたようなチャイムが、脳内に響いた。

（またか……）

地下鉄を待つ仙台駅のホーム。電車が来る気配は、まだない。当然、構内にアナウンスも流れていないのを確認してから、マリーはひとつため息をついた。

彼女の思いを無視するように、電子的な声でアナウンスが脳内に響いてくる。

「新しい、ミッションが、始まります」

そう切り出したアナウンスが、予告とも警告とも取れる内容を話しだした。

思えばこの現象が始まったのは、大学を出たころだった。

社会人になったばかりのマリーは、毎日を一生懸命に過ごしていた。ある日、仕事から帰り、ひとり暮らしのアパートの部屋でコーヒーを飲みながらテレビを観ているときに、それは起こった。

ピンポーン♪

突然、チャイムが鳴ったのである。

驚いて周りを見回すものの、自宅のチャイムではないとすぐに気づく。

じゃあテレビ？　いや、違う。テレビに流れているのは、ただのバラエティー番組だ。そんな放送が流れている様子は見られない。マリーの動揺をあざ笑うかのように、続いてアナウンスが告げる。

「もうすぐ、時間が、なくなります。もうすぐ、時間が、なくなります」

そう繰り返すと、またテレビの音だけが部屋の中に響いていた。

もうすぐ時間が……なくなる？　そう思った瞬間、彼女の頭に閃くことがあった。

（もしかして……）

マリーは視線を本棚へ向けた。そこには、そろそろ勉強しなきゃと思いながらも、腰が上がらずに放置している資格に関するテキストが置かれていた。仕事で必要になるからと、会社から受けるように言われていた。その試験が迫っていた。

（このこと？）

今がリミットってことかとピンときたマリーは、すぐに動いた。早速勉強を始め、無事に資格を取得することができたのである。合格が告げられた瞬間、

「ミッションが、終了、しました。頑張りましたね、お疲れさまでした」

そんな電子的な声で再びアナウンスが流れた。

それからだ。不定期にその声が聞こえるようになったのは。

そして、その声を繰り返し聞くようになってから、マリーはそれを前向きに捉えるようにした。たとえ悪いことをアナウンスされたって、それを頑張って回避するチャンスをもらえたと思えばいい。そう割り切ることにしたという。

ピンポンパンポン～♪

（さあ、今度はどんなお知らせなわけ？）

マリーは少し緊張しながら、脳内に響くアナウンスに耳を傾けた……

とまあ、こんなふうに突然、何かを予告する脳内アナウンスが流れるというマリーちゃん。

ある時は「さあ、ミッションが始まります。今回のミッションは大変ですが、どう

ぞ頑張ってください」という感じで流れ。実際にいろいろな試練が起きるらしい。試練を予告されるというのも大変だと思うけど、彼女はそれを必死に乗り越えてきたのだろう。誰にも言えずに、誰にも相談できずに。

そして、その試練が過ぎたころに「お疲れさまでした。今回のミッションは大変でしたが、もう大丈夫です」と、ちゃんと終了を告げるアナウンスが流れるという。

ただ、彼女はこれを「いいこと」として割り切っているが、それは彼女がすべてを前向き（ポジティブ）に捉える努力をしてきたからだ。

高校時代にスポーツ選手として特待生だったこともあり、先輩や他校の生徒から壮絶な嫌がらせを受けた過去が彼女にはある。だから自分の身を守るために「すべてを修行」と認識して耐える術を身につけたという。そのせいか、通常の人が辛いと感じることすらも、耐え忍ぶ癖があるために普通の人が嫌がる内容ですら、笑顔で「いいこと」にすり替えているように感じるのだ。そしてだからこそ、こんな能力を持ち続けていられることは間違いない。

ついでに言わせてもらえば、マリーちゃんは本当にワカに似ている。

まあ、苦労人なのに本人は苦労しているなんて、これっぽっちも思っていないタイプで、けっこうホイホイと世の中を上手に生きている。そして、とても魅力的な人間だ。

ちなみに彼女は最近お母さんになったんだけど、長年手相の勉強をしていて、僕たちもたまに見てもらったりする。彼女の並外れた感じる力に、手相という理論武装をすることで、きっといい占いができるのだと思う。

そう考えると、「よく当たる占い師」とか「評判の占い師」というのは、ある程度感じる力があるのを「手相」とか「〇〇占い」という理論を前面に押し出すことで怪しさを薄め、自らの感覚も補完しているのではないか？　というのが僕の見解である。

第9章

一緒に苦しみを越えた大切な「馬」という存在

辛かった日々

見えないものが見える、聞こえないものが聞こえる。

言葉で言うのは簡単だけど、当人にとってこれほどの苦痛はない。

人は疲れたら目をつむって休むし、静かなところでゆったりしたくなる。けれども、目をつむるとそこには別の景色が広がり、静かに過ごしたいと耳をふさいでも、その声はそんなこととは関係なく頭の中に響いてくる。心が安らぐときなどない。

それに加えて、知りたくもない人間の心の内まで聞こえてくるとなれば、その苦しみは想像を絶するものだ。もちろん、僕も想像することしかできないのだけれど。

ずーっと昔、弱っていた妻をひとりにして会社へ行くのが辛かったのを思い出す。

この能力とつき合うには、一体どうすればいいのだろうと、僕らは悩んでいたし、苦しんでもいた。ただ、生きていくには、強くなるしかないと思っていた。だけど、強くなるにはどうすればいいのか。見えないものが見えるんです、なんて大っぴらに言えやしないから、僕らはまるで人生の迷子になったような気分だった。

だから、目の前にポンと「地図」を落とされた日、何かが大きく変わる気がした。

忘れもしない14年前の初夏、僕が会社から帰るとワカが開口いちばん、

「ここに連れてってほしい」と、一枚のチラシを差し出した。

そこには、

「馬と触れ合ってみませんか？　体験乗馬、今なら無料」

つぶらな瞳が愛らしい、栗毛の馬の写真が、大きく掲載されていた。

聞けば自宅のポストに投函されていて、見た瞬間「ここに行きたい」と強く感じたというのだ。僕は驚いた。最近の彼女は感情をなくしたように沈み込んでいたからだ。

だから、こんなふうに前向きな意思を見せたのは心底嬉しかった。そのころは本当に辛くて、ずっと苦しそうだったから、二つ返事で「よし、行こう！　すぐ行こう！」と答えた。

思えばそれが、僕らのドラマの本当の始まりだった。

世界を共有する仲間との出会い

乗馬クラブに足を運んだワカは、すぐに夢中になった。

馬に触れ、その息遣いを聞き、匂いを嗅ぎ、砂の上を駆ける。もちろん初めは手探りだったけど、毎週熱心に通ううちに、すぐにポコポコ乗れるようになった。

上達は早かったと言っていいだろう。

その乗馬クラブは、仙台の海岸沿いにあったので、外乗コースでは海岸までの松林を馬に乗って散策することもできた。まさに馬と自然を満喫できる、素晴らしい環境だった。

ワカいわく、馬と過ごしているときだけは心が休まったという。

もちろんそこには、馬は嘘をつかないとか、そういうこともあったのだろうが。

「馬もさ、ううん、動物ってみんなきっと見えてるんだよ」

ある日の夕食時、ワカがそんなことを言ったのだ。

「へえ、何かあったの？」

僕が聞き返すと、ワカはニンマリと笑い、

「今日のレッスン中に、小さな精霊みたいなのが飛んできたわけ」

「レッスン中に？」

「そう。そしたら、突然現れた物体に馬がビックリしちゃってさ。いきなり跳びはねちゃったのよ」

「あ、あの時か！」

僕はポンと手を叩いた。僕もそのレッスンを見ていたのだが、突然、ワカの前の馬が「何か」に驚いたように跳びはねたのだ。指導していた先生が慌てて馬をなだめていた。

「ドウドウ、どうした？　隣のレッスンの音にでもビックリしたかな。馬は臆病な生きものですから」

そう言って、会員たちを落ち着かせていたのを思い出した。しかし、隣のレッスンで大きな音がした記憶はなかった。

「あの時、きっと馬は突然出てきた精霊にビックリしたのよ。私も『あっ！』って思ったもん。ふふふ、きっと馬たちにも見えてるのね」

どこか安心したように、彼女は言った。

もしかすると、自分だけにしかわからない世界。誰にもわかってもらえない世界を、初めて共有できる仲間に出会えて嬉しかったのかもしれない。

それからもワカは毎週クラブに通った。

その時の僕は、そこまで高給取りではなかったけれど、子どもがいなかったし、乗馬に使うお金くらいはなんとかなった。何より、これまで苦しそうだった妻が、心穏やかに馬と触れ合っているのが嬉しかったのだ。馬と出会ってから、ビックリするくらい彼女は落ち着いた。暗闇の底に、光が差したと思った。僕は馬たちに感謝した。

ところが、そんな時間は長く続かなかった。

ワカが落馬をしたのである。

クラブに通って半年ほどたっていただろうか。ある程度、馬にも慣れて油断していたのかもしれない。その日は雨が降っていて、馬場がぬかるんでいた。つまずいて転びかけた馬から、見事に落ちたのだ。前のめりになった馬の頭上を、ワカの体は見事に一回転して馬場に叩きつけられた。気丈にもう一度馬にまたがったものの、嫌がる馬が暴れて再び落馬。それからは乗れば振り落とされるということが続いた。やがて、馬にまたがろうとすると、その時の恐怖が襲ってくるようになってしまった。

そして、ついに乗馬クラブに足が向かなくなった。

「馬が怖い……」

彼女は葛藤し、そして落ち込んだ。

最初は僕も、少しずつ回復して、また乗れるようになればと希望を持っていたけれど、ある時ワカが、

「もう無理だ！　乗れない！　やめる」

そう言いだした。たぶん僕に励ましてほしかったのだと思う。「大丈夫だよ、頑張れ」と言ってほしかったのかもしれない。もちろん、本心ではそう言いたかった。だけど、これだけは絶対にワカが自分の力で乗り越えなければ意味がない。せっかく見

つけた心の安定の場所から、こんなかたちで逃げ出してはいけないと感じていたのだ。僕は一歩も引くわけにはいかなかった。だから、賭けに出た。

妻が自分から、もう一度馬に乗る、と言いだすようにこう仕向けたのだ。

「その程度で乗れなくなるんなら、最初から乗馬なんて無理だったんだよ。泣き言を言うんだったら、さっさとやめちゃえよ」

ボロボロの妻になんてことを言うんだろうと、思った。でも、嫌われてもよかった。だって、あの時の僕らには「馬と携わる」ことでしか、平穏を得られなかったのだから。

だけどどうやら、僕の読みは当たった。負けず嫌いのワカは、カチンときたらしい。

「くそ、人の気も知らないで勝手なこと言って、腹が立つ！　前言撤回、やめない」

と奮起したのだ。

僕は、やった、とばかりほくそ笑んだ。内心では安堵していた。ホントにやめると言ったら、手の打ちようがないと思っていたからだ。

しかもだ、驚くべきことに次の瞬間、ワカの携帯が鳴ったのである。なんと、乗馬クラブの先生からだった。

電話に出たワカが、戸惑いつつも返事をしている。僕がジッと見ていると、

「じゃあ先生、どうぞよろしくお願いします」

と言って、携帯を切る。

「先生はなんだって？」

僕が聞くと、

「もう一回だけおいでって。またがってるだけでいいからって。おとなしい馬だから安心してって」

ワカはそう言うと、腹をくくったかのように僕を見る。

「決めた。私はもう一度、馬に乗る。なのでクラブに連れてってください」

そう言うと頭を下げた。僕は「わかった」と、頷いた。

人間不信の馬との出会い

さて、その週末。僕とワカが乗馬クラブに着くと、先生が笑顔で駆けてきた。

「待ってましたよ！」

やはりそう言われると嬉しいものだ。ワカも久々のクラブの空気にワクワクしているように思えた。

厩舎へ連れていかれる。今日乗る馬とのご対面である。このクラブには優に50頭を超える馬たちがいたから、まだまだ知らない馬も多かった。今から会うのは、果たしてどんな馬なのか？　ズンズン進んで、そして先生は最も奥の馬房の前で立ち止まった。

そこに、彼はいた。

その馬は真っ白な体をしていた。タテガミから尻尾から、文字どおりすべてが真っ白で異彩を放っていた。白い馬はほかにもいたけど、なんだか彼の佇まいはそれらと違う気がして、僕は少し緊張したのを覚えている。それが「やまと号」、通称やまちゃんとの出会いだった。

実はこれは後から知ったことなのだが、というか彼とつき合ううちに自分たちも気づいてきたのだけど、この馬、たいそう神経質で気難しい、実に癖の強い馬だった。

それは馬房に、

「この馬の馬装（鞍など、馬に乗るときに必要な装備を付けること）は、スタッフがしますので会員は絶対にしないでください！」

という注意書きがされていたことからも、わかってもらえると思う。

何より、後日談として先生に、

「どうして、馬恐怖症の私をやまちゃんと引き合わせたんですか？」

と尋ねると、腕を組んで、

「そうなんですよ、実は僕もなぜだかわからないんです。普通なら絶対に組ませちゃいけないペアなのに、なんでだろう?」

と、首をひねっていた。

やめると泣いたワカに僕が言った言葉。

直後に鳴ったワカの携帯。

そして、選ばれた馬。

見えないものの導きで物事が進むときがある。きっと、あれがそうだったのだと、今の僕は疑っていない。

話を戻すと、やまちゃんはすでに馬装されており、すぐに乗れる状態で待っていた。

ギロリ。馬が品定めをするように、ワカをにらんだ。

「よろしく」とワカは言うと、オズオズと白い馬の顔をなでた。そして手綱を手に、馬を曳いて馬場へ向かって歩きだす。いろいろな音が聞こえる。馬のいななき、前掻きする蹄、飼い葉を咀嚼する音が心地よく耳に響いてきて、なんだか胸がいっぱいになる。「また、ここに戻って来られた」と。しかし、そんな感情に浸っている余裕はなく、鼓動はどんどん速くなる。息苦しいくらいに。私はちゃんと馬に乗れるのか?

また、落ちたらどうしよう。今度落ちたらきっと終わりだ。

不安と雑念を振り払おうと、頭を振る。その時、やまちゃんが首を傾け、ワカのほうをチラリと見た。

馬の視界は350度と言われているから、わざわざ目線を寄越さなくても見えているだろう。だけどあの時、僕は後ろから見ながらそんな気がしたのだった。

ワカがついに馬にまたがる。およそ半年ぶりの騎乗である。

僕は両の拳を強く握り、その瞬間をジッと見ていた。

しかし、あっけないほどスムーズに一頭とひとりは、パカパカと動きだした。

え？　こんな簡単に？

「安心しな。つかまってりゃいいから。ただ乗ってりゃいいから」

馬上で、ワカが初めて「馬の声」を聞いた瞬間だった。

ホストを指名する日々

その日から、ワカの相棒はやまちゃんになった。

その乗馬クラブでは、乗りたい馬は指名制で、指名料を払って馬を選ぶシステムだった。良い馬は早い者勝ちというわけだ。たくさん指名が入る馬はクラブからも重宝される。つまり「稼ぎがいい馬」として大事にしてもらえる。馬社会はシビアなのである。

それまでのワカは、特別乗りたい馬がいるわけではなく、指名料を払ったことはなかったが、その日を境にやまちゃんを指名した。体調から乗りにいけないときでも、とりあえず指名料だけは欠かさず払っておいた。それがやまちゃんの稼ぎになるならば、それでいい。妻はとてもシンプルだった。

ところで。そのやまちゃんは、その時点で推定20歳に近い、高齢と見られていた。実を言うと、馬の素性ははっきりわからないことが多い。馬健康手帳というものはあるが、少しでも高く売るために改ざんされたり、紛失して再発行されていることも多く（なぜなら若い馬ほど高く売れるからだ）、彼の素性もあやふやだった。しかし、わかる範囲だけでも20歳に近いことはたしかで、体調面も考えると、いつクラブを出されてもおかしくない状態だった。

出されるとは、その後を追ってはいけないということだ。馬は経済動物とも言われ、露骨に言えば稼げない（お金にならない）馬は生きていきにくい。

北海道の牧場を見学したときに、こんなやり取りを聞いたことがある。見物客が、

「馬の寿命って何歳くらいなんですか？」

と尋ねると、牧場スタッフは、

「実際、天寿を全うできる馬はほとんどいません。働けなくなった馬は処分される、というのが現実なので。もしも幸せに天寿を全うできる馬がいるなら、その馬は奇跡の馬でしょう。だから実際の平均年齢を答えるのは、とても難しいのです」

と話していた。

それを聞いて「なるほど、人間は恵まれているな」と思ったものだ。日本では、生活保護を受けている世帯が、2005年には100万世帯を超え、2020年現在で160万世帯を上回る。もちろん、身体問題で働けない人を守る義務はあるが、それを悪用して不正受給する人たちが取り沙汰されるたびに、いろいろと考えてしまうのだ。

まあ、そんなわけで。

ワカの元気を復活させてくれたやまちゃんのためにと、僕たちも必死だった。

彼はクラブから厄介者扱いされる「荒い気性」だけど、これにも原因があった。人間不信である。彼はそばに人が近づくだけで警戒した。

特に傘のような、長いものを見ると暴れる。スタッフいわく、「若いころに棒で殴られたり、虐待を受けていたのかもしれない」ということだった。

やまちゃんはかつては馬場馬術の競技馬として厳しい調教を課されていたのではないかと思われた。そのためか、人が近づくことさえ嫌がるきらいがあって、会員が乗るにも細心の注意が必要だった。

「そんないわくつきの馬を、なぜ馬恐怖症のワカに？」

誰もがそう思うだろう。

だけど不思議なもので、ワカとやまちゃんの関係は実に穏やかだった。彼はワカといるときには暴れることなど一切なかったし、驚くべきことに彼女の言葉ひとつで多くのことを理解した。

手入れも馬装もワカにやらせたし、あくびをしたり大きな体を擦りつけたりして、楽しそうでご機嫌だった。

なにより練習のときは「安心して乗れよ、さあ今日も走ろうぜ」と、デンと背中を出してくれた。

そして、ワカもやまちゃんに乗っているときは何もかも忘れて、ただ安らかだと言った。

自分を蝕み、呑み込む「闇のように真っ黒な毒」が、不思議と体と心から抜けていくのだと。

練習を見ている僕にもそれはわかった。普段は見せない心の奥底を、やまちゃんの前では出すのだ。あんなことがあった、こんなことがあった、と余すところなくやまちゃんに言うのである！　なんてことだ！　馬を相手に嫉妬するというのも変な話だが、そこまでいかずとも実際2年間くらいは複雑な気持ちだった。

相手が人でなくてよかった。心からそう思ったことをここに記しておく。

また、やまちゃんはやまちゃんで僕に警戒心を持っていたようだったし、僕と彼が心を通わせるのはまだ時間がかかりそうだった。

「カーーーーーッ！」

なんせ僕が近づくと、耳を伏せ（馬は威嚇するときに耳を後ろに伏せる）歯をむき出しにして威嚇してくるのだ……。うーむ……、馬とのコミュニケーションは難しそうだ……。

しかし、そんな僕にも友だちはできた。

ピカピカの栗毛で、こちらも気難しいことでは有名な馬だった。

気分屋で、なかなか乗り手も苦労するということで、クラブでも手を焼いている馬だったわけだけど、なぜだか僕が近づくと楽しそうに「よお、来たな」と、ニヤリと笑みを浮かべているような気がした。僕が首を傾けると、彼も同じ格好をした。僕が首を振ると、やはり彼も首を振った。

おやつに角砂糖をあげると、美味しそうに頬張り、「もっとくれ、甘いの大好き」とポケットに顔を突っ込んだり、イタズラをしてくる馬だった。競走馬を引退したばかりの、まだまだ若い馬だった。

愛馬の危機

ところで、肝心のやまちゃんを家族に迎えるいきさつを話そう。

ある日、胸がざわつく噂を耳にした。

「やまちゃんがついに、クラブを出されるらしい」

体調が優れず、会員を乗せられない日が増えていたので、ある程度は予想していたことだった。だけどそれが現実となると、僕たちにも緊張が走った。

「一刻も早く彼を買い取らないと、もう一生会えなくなってしまう」

僕たちは意を決して、クラブに交渉を持ちかけた。

そのクラブでは通常、そのまま預託することを条件でしか買い取らせてはくれない。買い取った後も、そのクラブに預けることで預託料を払い続ける仕組みだからだ。

だけど今回のように「もう働けない馬」を買い取る会員がいること自体が異例だっ

たらしい。そりゃあ、そうだろう。クラブに来る人はみんな、馬に乗ることが目的なのだから。乗れない馬にお金を払う人はまずいない。

そんな異例の申し出だったためか、クラブでは会議が行われた。そして、なんと大阪本社からもわざわざ仙台まで視察にやってきた。

「もしかしたら、まだまだ働ける馬なんじゃないか？」

と怪しんだのだろう。だけど結局、「なぜ、こんな馬を買うと？」と首をかしげながら帰っていったそうだ。

そんな交渉の最中に、僕の夢にやまちゃんが現れた。

驚いた。どうして僕の夢に？

夢の中で、彼はこう言った。

「チュウシャ」

「え、なに？」

「チュウシャ。おいらはもう走れない。仕事もできない。さようなら」

その瞬間、夢の中だけど、強烈な悲しさが僕を襲った。

「そんなこと言うなよ！　俺らがちゃんと面倒見るから」

「ニンゲンはオカネがいちばん。だけど、もうおいら働けない。メイワクかける、嫌だ」

「やまちゃん、聞いてくれ。俺はキミに心から感謝している。やまちゃんがいなければ、ワカはこんなに元気にならなかった。もしかしたら死んでいたかもしれない。だから絶対に俺がなんとかする。約束するよ！」

夢の中で、僕は必死に叫んだ。

だって、チュウシャって、彼ははっきりそう言ったんだ。恐らく、働けなくなった自分を安楽死にしてくれと言っているのがわかった。僕らに苦労させたくないって思っている。

長く生きていて、頭もよくって、人間たちはお金が大事なのを知っている。それを働けない自分のために使うのはダメだよと。人間は嫌がることだと、そう思っているのだとわかった。

実際、彼は体調を崩して会員を乗せられないときは、飼い葉を食べなくなったのだ。

「働けない自分に、食べる資格はない」

修行僧のようにジッとしている彼を、僕らは知っていた。

バカヤロー。今どきそんなことを考える人間はいない。

だけど例え夢だとしても、一頭の馬にそんなふうに言われるなんて……。

ハッと目を覚ますと、隣でワカがわんわん泣いていた。そして、すぐにわかった。彼女も同じ夢を見たのだと。

忘れもしない。僕らはそのときに、決めた。

書いていて思ったが、もしかしたら、その瞬間が僕たちにとっての最大の転機だったのかもしれない。今、それを強く思う。それまでは買い取った後に預ける牧場や預託料など、心配なことはたくさんあった。だけど、そんなことは小さなことだと腹をくくった。それがワカと僕を救ってくれた彼にできる、唯一のことだと思ったのだ。

というわけで、僕たちは翌日から動きだした。本腰を入れて預託先の乗馬クラブを探し、輸送の手はずを整えることができた。腹を決めたら、事が進むのは早かった。クラブとも無事に交渉をすませて、彼を買い取ることに成功。お互いのヘソクリまでスッカラカンになったけど、無事に山の上にある乗馬クラブに移動させることができた。

満足だった。

そして、あとは最期を看取ることが、僕たちの役割だと思っていた。

通帳には、ほとんどお金が残っていなかったけれど、何しろその時のやまちゃんはとても弱っていたから、正直、その冬を無事に越えられれば御の字という感じだった。

それだけあれば最期まで面倒を見るには十分だろう。そう思っていた。

ありえない規模の津波が襲ってきた

しかし、やまちゃんを移動させてから、彼の体調はどんどん回復していった。食欲も出てきて、たくさん食べるようになった。削げ落ちていた馬体はふくよかになり、放牧地で駆け回るほどに脚まわりの筋肉もついてきているのがわかった。歩く姿も堂々としたものに、変化していった。

その牧場は山の上にあったから、起伏のある放牧地を歩き回るだけで十分な運動にもなったのだろう。放牧地には美味しい草もたくさん生えていた。みるみるうちに、やまちゃんは若返っていった。

そうなると心配なのが、まあ、ぶっちゃけお金の問題である。しかし、ここも不思議なことだった。

彼を家族にすると決めたときから、急にボーナスが増えたり、大きな臨時収入があったりと、とにかくお金が巡ってくるようになったのだ。ワカが「やまちゃんのためよ！」と、願っていたときに競馬で大当たりしたのもそのひとつ。払戻金はそのまま彼の買い取り資金になったほど、金運が回ってきた。

お金も運も、本当に大切なものをわかっている人、そしてそれを守るために本気で行動する人のところにちゃんと巡ってきてくれる。必ず、そう必ず。僕たちは確信している。

そんな彼との新天地での生活も半年になろうかというころ、2011年3月11日はやってきた。東北沿岸部を襲った巨大地震と大津波だ。

当時の牧場の話によると、その時、彼は放牧から戻り、馬房で休んでいた。そこを巨大地震が襲ってきた。その瞬間、彼は素早く座り込み揺れが収まるのをジッと待っていたそうだ。周りの馬たちが興奮して暴れだしそうになると、大きくいなないてその馬たちを落ち着かせたという。

「あのとき、やまちゃんがほかの馬を落ち着かせなければ、興奮した馬が暴れてケガをした可能性もありました。本当に彼に感謝です」

のちに牧場のスタッフから聞いた言葉である。

新天地での生活の中で、人間への信頼を回復させた彼は常に落ち着いていて、昔が信じられないほどだった。いつの間にかほかの馬からも信頼される存在になっていた。

しかし前述したように、やまちゃんが半年前まで所属していた乗馬クラブは、目の前が海という立地だったため、すべてが津波にのまれるという甚大な被害を受けた。

スタッフは全員生き延びたものの、多くの馬が流され、そして死んだ……。

震災から1週間たった夜、僕たちのもとへ彼は現れた。もちろん物体としてではなく、想念が飛んできたと言った方が正確かもしれない。そういう意味では彼もかなり霊的な馬だったと言えるだろう。彼はこう言った、

「あの夜、クラブの仲間たちが最後のお別れにきた」

と。

クラブで流された馬たちが、やまちゃんのところに別れの挨拶にきたというのだ。

そしてやまちゃんは、僕を慕ってくれたあの栗毛の馬の名前も口にした。

その馬はひと言、「あばよ!」と言い残して去っていったそうだ。彼らしいと思った。

彼の亡骸はなかなか発見されなかったが、

「人間になんか見つかってたまるか」

そんなふうに言っているような気もした。だけど、あの美しい栗毛の馬体が、ずっと見つけられないなんて嫌だ。なんとか見つかってほしいと、強く思っていた。

何キロも離れた場所で最後の一頭として彼が見つかったのは、それからずっと後のことだった。

結果的に僕たちはこれをきっかけに、本当の意味で特別な関係になったと思っている。

人馬一体

それからのやまちゃんは、時が逆戻りしたかのように若返り、ますます元気だった。震災後の結婚記念日には、ワカがドレスで騎乗した記念写真を撮ることができた。

馬体がしっかりしてくると、

「一度、競技会に出てみたい」

とワカが言いだし、やまちゃん、まさかの現役復帰。

再び競技のためのレッスンができるクラブに引っ越しをして、本格的な練習に入ると、インストラクターも驚くほどの動きを見せた。

「この馬、一体どこまでできるんだ?」

馬場馬術では、人間の合図の仕方で馬がその技をするように教え込まなければならない。レベルが上がるほど、高度な動きと技を馬自身も覚え込まなければいけないわけだ。

驚いたことに、彼は多くの技術を知っていた。そしてその動きを完璧にこなしてくれたのだ。もしかしたら彼は本当に大きな大会で、馬術の賞金を稼いでいた馬なんじゃないかと気がついた。

どこでどう流れて、一般の乗馬クラブにやってきたのかは知らないけれど、だからこそ、人間のお金への執着を理解し、そしてそういうものだと思っていたのかもしれない。

そんなやまちゃんとワカは、初めて大会に出場を果たした。あれは岩手県の八幡平での大会だった。その時のことをワカは嬉しそうに語る。

「大会のためにシャンプーしてさ、たてがみもきれいに結ったじゃない？　それが楽しくてさ。だけど、私の楽しさとは逆に、やまちゃんの目が真剣になっていくわけ。きっと、大会だということを理解してたんだと思う。私がまたがった瞬間、彼はブルッと武者震いをしてさ、落ちんな！って言ったの、あはは」

え？　結果？

えー、やまちゃんはワカの技量を理解していたので、彼女が落ちないように気をつけて、馬場を回ってくれたということで。

その後、栃木県の那須にも一緒に遠征したし、宮城県民大会にも出場した。僕らは毎年、たくさんの冒険をしたのだ。

そんなふうに気持ちが通じ合っていくと、いつしか彼も僕を相手にふざけるようになった。そして、ワガママになった！　昔みたいに威嚇されることもなく、僕にもまあまあ優しかった。

スイカが大好物だったので、夏は彼のためにスイカを持っていった。はじめは皮が大好きだったくせに、一度赤い実の部分をあげるとそれに味を占め、赤い部分しか食べなくなってしまった！　またある時はリンゴを食べすぎ、もう飽きたとばかりにリンゴに見向きもしなくなった。まったく自分勝手な馬である、しかし、そこがまたよかった。

いつのまにか、僕の中でもやまちゃんの存在が大きなものになっていた。ワカがどうしてこの馬をこんなにも好きなのかが、わかる気がした。

僕たちは、もう家族だった。

最後の14カ月は、前述したとおりいろいろな事情があって、岩手の養老牧場でのんびりと過ごした。そこに引っ越したばかりのとき、放牧に出されていた彼をスタッフが、「連れてきましょうか？」と言ってくれた。

それに対しワカが、

「連れてこなくても大丈夫！　私たちは以心伝心、人馬一体だから、呼んだだけで来てくれるんです。見ててくださいよ～」

と言って、柵に手をかけ、

「おーい、やまちゃーん！　こっちおいで～」

と叫んだが、彼は僕らをチラ見し、次の瞬間、プイッと尻を向けてきた！

「お、おい！　やまと、やまちゃん！　おまえ、ケツを向けるな！　おいでったら！」

来いと言いながら、もはや自分から歩み寄っていくワカを、スタッフが気まずそうに見ていたのもいい思い出である。

出会いから13年、家族になって約10年。その間、震災があったり、選挙に出たり、会社を辞めたり、そして作家になったり、本当にいろんなことがあった。

嬉しいときも悲しいときも、いつもそばには愛馬やまちゃんがいた。

だけど、そんな彼とも別れの日が来る。

そしてそれは、彼が僕たちに「最後の授業」をしてくれたときでもあった。

別れ

彼との別れは唐突に訪れた。

忘れもしない、2019年1月23日。その日、僕たちは東京で週刊誌の取材を受けていた。

取材の合間に鳴った牧場からの電話に一瞬、不吉なものを感じつつ僕が出ると、電話口から、

「タカさん、やまちゃんが放牧地で倒れました」

という声が響いてきた。

収牧（放牧していた馬を馬房に戻すこと）しようと馬場に向かうと、馬場の真ん中にやまちゃんが横たわっていたという。

やっぱりか、と思った。年明けからやまちゃんの調子が少し悪かった。その2日前には、厩舎で転倒してしまったこともあった。

そして実は、その日の朝、起き抜けにワカが「タカ……やまちゃんの夢を見たよ」と呟いて、それから彼女は仕事以外のことを話さなかった。

だから、変な言い方だけど、どこかで覚悟はしていた。

僕たちは、取材を終えるとその後の予定を全てキャンセルし、新幹線を前倒しして仙台へ戻った。何度も乗っている新幹線だけど、あんなに遅いと感じたのは後にも先にも初めてだった。

自宅に戻るとスーツを脱ぎ捨て、今度は車に飛び乗る。牧場までは高速で2時間弱、

到着したときはもう真っ暗だった。

そして、空からは雪。嘘だろう? 神様を恨みたくなった。暗闇に薄っすらと見えるブルーシート。骨組みを作って、上からブルーシートをかぶせた簡易型のテントを、牧場は彼のために作ってくれていた。雪に埋もれるのは忍びないと、スタッフと近所の人が総出で作ってくれたという。

それでもブルーシートが足りなくて、隙間から入る雪で、馬体には雪が降り積もっていた。

僕たちは彼の名を必死で呼んだ。

駆け寄って泥だらけになりながらも、彼に抱きついて叫んだ。

もう涙で前が見えなかった。彼の息遣いが聞こえる。最後まで必死に生きようとする息遣いが、冷たい空気に触れて真っ白になり僕の顔前に広がっていく。

もう何時間も横たわっていた馬体の表面は、冷たかった。だけど、馬体の芯から発せられる体温は、生きていることを証明していた。

彼は必死に生きようとしている。動物は自分から死を選ぶことはない。

どんなに辛くても、どんなに苦しくても、心臓が動く限り、息ができる限り。それをやめようとはしない。

「生き続けること」

それが動物に与えられた宿命。そして本能だ。

それに抗うことなく、目の前に生がある限りそれに執着する。それが生き物だ、命だ。

それを自ら絶ってしまうのは、人間だけである。

本能である「生きる」ことに意味を見いだそうとして、意味があるとかないとか、どうでもいいことを考え始める。生きること自体に大きな意味があるのに。

やまちゃんが、息を吸って、吐く。ビュウビュウと、大きく喉が鳴る。呼吸ひとつがこんなに尊いものだということを、僕はこの時初めて知った。

苦しかった……。だって、だって、何もできないんだもの。

馬はあまりに大きすぎた。犬や猫のように、抱きかかえて病院に連れていくことはできない。

脚をケガしたら、自分の体重を支えられずに倒れるしかない。それはすなわち、死を意味する。

ワカが言っていた、やまちゃんから聞いたことを思い出した。

「おいらは脚が弱いから、脚をケガしたらそれで終わり。だからいつも細心の注意を払っている。まだまだこの世を楽しみたいから、みんなと一緒にいたいから」

横たわりながらも、彼は時折、後肢を蹴り上げるようなそぶりを見せた。

スタッフによれば、僕たちが来るまでそんな動きは一切しなかったそうだ。彼は僕たちに対して「ほらよ、脚は動くんだ。いっちょ頑張って、起きようかな」、そんなふうに気丈に振舞っていることは明白だった。だってもう、脚は正常に動いていなかったんだから。

僕は泣きながら、彼を見下ろしていた。彼の顔をこんな角度から見るのは初めてだと気づく。彼の顔はいつも僕より上にあったから。僕はいつも見下ろされていたから。

なんでやまちゃんの顔が下にあるの？

なんで俺が見下ろしてるの？

誇り高い彼はいつも僕のことを、三白眼でジロリと見下ろしていたのに。

クラブで会うたびに歯茎をむき出しにして、威嚇してきたのに。

家族になってからは態度を一変させて、心を開いてくれたお調子者。

そして、何よりも優しい馬。

なんで僕は、こんなところで雪と泥にまみれているんだろう。

決断を迫られていた。

そして、僕はこの夜初めて、自分の妻の底力を知った。

ワカは異常なくらい愛する者の死を恐れる人間だ。だから僕は、やまちゃんがこの世からいなくなることが何よりも怖かった。また不安定だったころのワカに戻ってしまうかもしれないと、心のどこかで恐れていた。

だけど彼女は牧場に、「楽にしてやってくれ」と言ったのだ。泣いていたのに、ビックリするほど冷静な声だった。だが、

「この吹雪で、獣医さんがこっちに向かえません。無理です」

「この雪の中、このままほっておけっていうの？　じゃあ薬をください。彼は私が殺します」

問題のある発言なことは承知だ。だけど、これがあの夜の事実である。そして、彼女は自分がどんなふうに思われようとも、愛する馬を楽にしてあげたかった。こうして言葉に綴るのはたやすいが、あのときの彼女の気迫は、その場にいた人間でないと想像もできないだろう。

そして、牧場スタッフは、

「オーナーさんにこんなお願いをするのは筋違いだとわかっています。だけど、やまちゃんはおふたりが来るまで頑張って生きていた。もう、疲れて眠るはずです。眠り

ながら静かに逝くのが、いちばん苦しまない逝き方です……どうか……」

と泣きながら頭を下げたのだ。

「どういうこと？」

「自分たちはこれまでたくさんの馬を見てきました。安楽死は、実際には安楽死じゃありません。最後はやっぱり苦しむんです。だから、どうかお願いします」

なんだよ、そうか。そうなのか。最後は苦しむのか……。

じゃあ、眠るように逝かせてやるしかないじゃないか。安らかに連れていってくれるよう、神様に頼むしかないじゃないか。だって、大事な馬だもの……。

降り積もる雪の中で、彼が夜を明かせるとは思えなかった。

彼が静かに眠りにつけばそのまま……。

それが最も安らかに、苦しまずに逝かせてやる最善の道だと思った。いや、もう思い込むしかなかったのだ。

そして、もしも夜が明けてまだ息があったら、そのときはもう、お願いしますとだけ言った。

あんなに辛く苦しい夜は、なかった。僕たちは泣きながら、彼に最後のお別れを言って帰路についた。

車内での会話はなかった。ワカは恐ろしいくらいに静かだった。

次の日の朝、牧場からの電話で目が覚めた。ほとんど寝付けなかったから、ウトウトしていたときだったと思う。

ワカが電話に出ると、驚愕の言葉が僕たちの目を一瞬で覚まさせた。

「やまちゃん、生きてます……目を見開いて、何か訴えてるみたいなんです。信じられないけど眠らなかったようで」

しかも、安楽死のために朝イチで来てくれた獣医さんが、

「可能性にかけてもう少し頑張ってみてはどうか。強心剤を打ちましょう」

と言ったのだという。

ありえないことだった。

後日、そのことを獣医さんに尋ねたところ、

「私もね、なんでそんなことを言ったんだろうと、不思議なんですよ。どうみても回復の見込みはありませんでしたし」

と、首をひねっていた。ごめん、本当に不思議なんだが、それが事実だ。

どうみても回復の見込みはない。僕たちにもそれはわかっていた。わかっていたから、早く楽にしてあげたいと願ったのだ。だけど、この状況下において、その「最後

の手段」がなかなか許されない。そして、横たわった愛馬は、真剣な眼差しで何かを訴えているようだという。

僕は思った。というか、自分がやまちゃんならどう考えるだろうかを想像したのだ。

そして、これは愛馬からの「最後の授業」だと感じたのだ。

「逃げるな。最後までできることをやれ。それを教えるために、おいらがいるんだろうが」と、言われているようだった。

「ワカ、牧場に行こう！　最後の最後まで、見届けるんだ」と僕はダウンジャケットを着ながら言った。

「やまちゃんは僕らに大事なことを教えようとしてくれてる。逃げちゃダメだ、行こう！」

「わかってるよ、わかってるってば！　最後まで一緒にいるってば！」

涙で顔をグチャグチャにしながら、ワカも防寒服を身に着けた。

「まだ何かできる」と思った。動こう、最後までやろうと思ったのだ。

もう先がないのはわかっているのに、僕らはあがくことを決めたのだ。

やまちゃんはきっと、それを望んでいる。

それは牧場の人たちも同じだったらしく、何が必要かを尋ねると、

「ブルーシートの大きいのと、あとはジェットヒーターが欲しいです！　やまちゃんの体を少しでも温めてあげたいので」

と、僕たちに遠慮なくむちゃな要求を投げてきた。みんなができる限りのことをしようと誓った瞬間だった。

僕は銀行へ走ると30万円をおろして、すぐにホームセンターに向かった。もし足りなければ、カードだってあると思った。どんなことでもしてやるつもりだった。

ジェットヒーターなんて、そうそう売っていないとわかっているけれど、できることはすべてやりたかったのだ。

すると奇跡的にも、すべて受注でしか仕入れないはずのジェットヒーターが、奥の倉庫の中に一台見つかったというのだ。

「助かった！　それくださいい！」

値段も確認せずに僕はそれを買うと、その足で牧場へと向かった。

なぜか僕たちの気持ちは高揚し、少しだけ明るかった。

「最後の最後までやりきるんだ」

「まだやれることがある。後悔をひとつずつなくすんだ」

もしかしたらそうした気持ちが、どんなに苦境に陥ったとしても人を強くするんじゃないか。

逆に多くの人が後悔を残すのは、すべてをやり切った感覚がないからではないか。

「あれをしてやれば」

「これをできていれば」

そんな後悔がいちばん多い気がする。だからその後悔から、いつまでも抜け出せない。

裏を返せば、彼は僕たちに後悔を残させたくなかったのではないだろうか？

そうした想念が獣医さんに通じて、通常ではありえない判断をさせた。そのおかげで僕たちはこの日、彼のためにまだやれることがある、ある種の喜びに突き動かされた。そして動き続けた。

牧場に着く。雪に覆われた道を、ＦＦ（前輪駆動）の僕の車で上ることは困難だった。僕たちは途中で車を置くと、そこから荷物を背負って山を登ることにした。僕がジェットヒーターを背負い、ワカがブルーシートを背負って、必死に登った。雪をギュッと踏みしめる。

「……タカ……先に行って」

振り向くとワカが歯をカチカチ鳴らしながら、立ちすくんでいた。後で聞けば、これから愛する馬の死に立ち会わなければならない恐怖で体がこわばり、足が前に進まなくなったのだという。

彼女を置いて、先に山を登りジェットヒーターを届けた。

やまちゃんのもとへ駆け寄ると、彼は昨日よりもきれいな馬体を横たわらせていた。

牧場の人たちが、彼をきれいに拭いてくれたのだ。ありがたかった。

ワカがやってくると、リュックから彼の大好きな黒砂糖を取り出した。晩年は、虫歯になることを恐れて食べさせていなかった。だけどもう、思う存分食べさせたいと思ったのだ。

ポカポカとテントの中が暖かくなる。ジェットヒーターのおかげだ。牧場の猫たちも暖を取りに入ってくる。やまちゃんは横たわりながらも、黒砂糖をボリボリ頬張ると、もっとくれと言わんばかりに舌なめずりをした。笑ってしまった。とても死を目の前にした馬の顔ではなかった。人参も食べてくれた。バリバリと音を立てて、それはそれはウマそうに。

僕たちは夕方になるまで一緒にいた。暖かいテントの中、それは不思議と穏やかな時間だった。ずっと、ずっとその時間が続いてほしいと願った。

ワカも悟ったように穏やかだった。やまちゃんの大きな頭を抱いて、頬をなで、首を愛撫し、出会ってからの思い出話なんかをしていた。やまちゃんも、時おり優しい目を向けながら、ただ静かに呼吸をしていた。

夕方、再び獣医さんが来てくれることになっていた。

やまちゃんが放牧地で倒れてから、ほかの馬たちは馬房から出られないでいる。これ以上、馬たちに迷惑をかけるわけにはいかない。それに彼をこのままの状態でいさせることも不可能だった。

獣医さんにはできるだけ苦しまないようにと、お願いした。通常はしないけど、「この馬、本当にすごい馬ですね」と獣医さんは、最初に睡眠薬を投与してくれた。処置をする前に、眠らせてくれたのだ。

お別れだ……。

この注射を打ったら、やまちゃんはいなくなる。

その瞬間、僕は彼を心から愛しいと思った。離れたくないと、強く思った。

そして、ある思いが僕の心を稲妻のように貫いていた。

やまちゃんに救われたのは、俺だったんじゃないか？　俺を、人間らしくしてくれたんじゃないか？　この馬に関わってから、本当にいろいろな困難があった。だけど、素晴らしいことのほうが多かった。その全てが、やまちゃんがいなくてはできない経験だった。そして、そのおかげで、自分たちは人間としてちょっとだけ成長できたんじゃないか……。

あのときの思いを、僕は一生忘れないだろう。

涙と一緒に溢れてきたのは、まっさらな、

「ありがとう」

だけだった。

やまちゃんは大きく息を吸い、最後の力を振り絞ってほんの少し頭を上げ、僕らを見た。

彼の真っ黒な瞳に、僕とワカが映っていた。

ワカが最後に彼にかけた言葉は、

「やまちゃん、さよなら。ありがとう。あっちでも元気でね。愛してるよ、大好きだ」だった。

彼の呼吸はだんだんと静かになり、そしてそのまま、安らかに駆けていった。

苦しまなかった。

朝までの吹雪が嘘のようにやみ、空が美しく燃えていた。最後にこの夕日を、一緒に見られてよかったと、おかしなことを思った。

そしてその日は、僕たちの『龍神と巡る 命と魂の長いお話』という、命について書いた本の発売日だった。

奇しくも、僕たちが「愛馬の命」というものについて、最後の授業を受けたのである。

彼のおかげで、ワカはこんなに強くなっていた。

精神をコントロールして、見えるもの、聞こえるものへの対処もできるようになった。

今の彼女を作ったのは、間違いなくあの馬との日々なのだ。

スイカと黒砂糖が大好きで。

誇り高くて優しくて、だけどものすごいドジで。

もしかしたら馬の姿をした人間だったんじゃないかと思うほど、僕らにたくさんの愛をくれた不思議な真っ白な馬。

やまちゃん。ありがとう。

あなたのおかげで、今がある。

そんな僕たちの恩人、いや恩馬の話。

違う、そうじゃない。

彼は「奇跡の馬」だった。

神様、出会いをありがとう。

世界はこんなにも素晴らしい。

彼の配慮

そんな奇跡の彼のお話は、ここで終わらなかったのである……。

先に述べたように、彼の馬健康手帳には不備があった。

途中で改ざんされて、おそらく別のものと入れ替わっているとされてきた。

その理由のひとつが「毛色」だ。

健康手帳では、彼の毛色は「鹿毛」とされていた。

読んで字の如し、鹿のような茶色のことを言う。まあ、一般的な馬の毛色である。

だけど彼は真っ白い毛色をした「芦毛《あしげ》」だった。競馬が好きな方にはオグリキャップやクロフネ、近年ではゴールドシップを想像してもらえるとわかりやすい。芦毛は若いときは濃い茶色やグレーに近い色だが、年を取るにつれてだんだん白くなっていく。人間の髪が白髪になっていくイメージだ。

だから、この手帳はきっと偽物だと、それまでの関係者の誰もに言われてきた。

しかし、やまちゃんが天に駆けてひと月後。

お墓参りに牧場に出かけ、そのままみんなでやまちゃんの思い出話をしていた。

その時、牧場長が、

「タカさん、ワカさん、知ってるかい？　昔の輸入馬は、面倒だからってみんな鹿毛と書いていた時期があったんだよ」

と、実に興味深い話を聞かせてくれた。

「へえ、そうなんですか」

と、ワカが何げなくやまちゃんの健康手帳をパラパラめくっていると、あるページがベッタリと糊付けされているのに気がついた。

「あれ？　なんだろう、これ？」

僕らはその手で、慎重に糊を剥がしていった……。

すると……。

なんとそこには、彼が生まれた場所と生年月日までが記されていたのだ。

それによれば、彼の生まれはドイツ。そう、彼は輸入馬だったのだ。ちなみにサラブレッドではなかった。雪の中で一晩を耐えた体力と心臓の強さのワケは、それだったのだ。

そして書かれた生年月日から算出される年齢は、僕たちの想像をはるかに超えて、なんと37歳であった（一般的に馬の寿命は24～30歳ほどと言われています）。

僕たちははっきりとした年齢がわからなかったから、ずっと生きてくれると信じていた。

意外と若いんじゃないかと、希望的に思ったりもした。下手をすれば妖怪の類いで、死なないんじゃないかと考えたりもした。だけどそれは全て、「彼の素性がわからなかった」から思えたことだった。

もしも真実を知っていたら「もうこんな年だから」と、毎日気が気じゃなかっただろう。

そんな高齢で競技会に出せるわけがないと決めつけてしまったと思う。引っ越しなんか絶対に無理だと、牧場を選ぶこともなかったと思う。だけど年齢がわからなかったから、僕たちはそんな心配をすることなく、精一杯彼と同じ時間を過ごした。

遊んだ。戦った。愛した。最期の瞬間まで。

「もう年だから」

「こんな年齢じゃできるわけがない」

「無理させちゃ可哀そうだ」

そんな人間側の勝手な想像で決めつけていたら、彼とこんな幸せは味わえなかった。

絶対に、だ。

だってそれが人間だもの。自分たちの常識を勝手に当てはめて決めてしまうのが人間だから。

だけど、そんなことは必要ないんだと、彼は教えてくれた。

やりたいならやればいいんだよ。

愛しているなら、愛し抜けばいいんだよ。

「何を勝手に、自分で上限を決めつけているんだ？」

自分が死んでから、自らの素性を僕たちに知らせることで、それを教えてくれた。

最後の最後にやまちゃんにパカーンと後ろ脚で蹴られた思いがした。

一体、どれだけのことを教えてくれたのか。

そんな馬だった。

そしてそんな馬と出会わせてくれたのも、きっとワカを守ってくれている守護霊の采配だと今ならわかる。

恐らく、ここまで読んでくれた方なら察しがついているかもしれない。

実は、ワカの守護霊は「馬」なのである。

僕がもともと競馬好きだったこと。そして、つき合い始めたころから競馬場に連れていったおかげで、ワカ自身も馬という生き物に興味を持っていたこと。そして、一枚のチラシをきっかけに馬に乗るようになったこと。これもすべて霊界のお膳立てだったのだ。

そして極め付きが、遠野に初めて行ったときに、ワカが出会ったおしら様の物語だった。

あの物語の解説を目にしたとき、ワカはジッと動かなかった。

「私にはこの娘の気持ちがわかる、とっても」

ポツリと呟いたひと言が、今でも僕の耳に残っている。

馬を愛するあまり、馬と結婚してしまった娘の気持ちがわかると。

もしかしたら、とさえ思う。もしかしたら、おしら様の物語のモデルは、ワカとやまちゃんだったんじゃないか、と。過去世で出会い、そしてまた現世でも出会ったふたり。いや、ひとりと一頭か。

馬を愛するあまり、その守護霊さえも馬がついてしまうという。

そんな彼女と馬との縁はいつからなのか。やまちゃんとの縁はいつからなのか。

そんなどエライ馬だからなのか、最後に厄介なものを僕たちに残してくれた。

それは……「やまちゃんの呪い」だ。

笑い話として、それを最後にお話しして彼の話を締めようと思う。


やまちゃんが旅立ってから、ワカは元気がなくなった。しかし、いつまでも落ち込んでいられないから、一生懸命仕事に打ち込んだ。

馬を見ると、愛馬を思い出す。思い出すと悲しくなるから、もう馬のことは考えないようにしていた。だけど、やっぱり馬が好きな彼女としては、あの懐かしい馬の匂いを嗅ぎたいと北海道に出かけた。

まあ、そこまではよかった。

問題はいつも「特定の馬」に会いにいこうとしたときに起こる。

北海道帯広市で、観光事業として「馬車Ｂａｒ」というものをやっている。ばん馬に引かれる馬車の中で、蹄の音を聞きながらお酒を傾けるという趣向で人気のイベントだ。ワカはそのばん馬、ムサシコマ号に会いたくて、帯広へと向かった。

そこには、かつてやまちゃんと仲が良かった馬の「ドンちゃん」のオーナーが住ん

ずだった。

でいて、「馬車Bar」の予約までしてくれていた。その日は合流して一緒に楽しむはだけどひとつだけ懸念があった。

実はドンちゃんも、やまちゃんに先駆けて旅立っていたのだが、ドンちゃんのオーナーがこれまでに三度も馬車Barを予約したのに、三度とも直前ですべて中止になっていたということだ。

しかも馬車Barが始まってから中止になったのは、その時点で三度だけというから、その確率は明らかに変である。僕たちは、

「こりゃ絶対にドンちゃんのせいに違いない。天国にいるドンちゃんが、オーナーがほかの馬に好意を寄せようとするのを妨害してるんだ」

と笑っていたのだが、果たしてワカが帯広に着いたその日は、まさかの土砂降りとなった。

早々に馬車Barの中止が決定した。そして、決定した次の瞬間に雨は上がり、青い空が広がり始めていた……。

後でやまちゃんを看取ってくれた牧場長にそのことを話すと、

「ああ、あるねー。ワシの時は3年かかったよ。やまちゃんは執念深いぞ、ははは」

と、肩を揺らして笑った。

どうやら馬の嫉妬はすごいらしい。しかもこれまで起こしてきた奇跡を考えれば、なおさらだろう。

ちなみにこれを執筆している時点で、まだワカはほかの馬には乗れていない。

行こうとすると、大雨が降ります（笑）。

たぶん、彼自体が神様だったんじゃないかと、なんか今、気がついた、あはは。

死神の恋

その死神は、恋をしていた。死神H氏の話にあった「動物」担当の死神のことである。彼女には自らが担当する一頭の馬がいた。その馬は白く美しく、凛とした空気を漂わせていて、一目見た瞬間に彼女は心を奪われてしまった。人間界でいえば「恋に落ちた」のである。

いつかあの馬に触れ、声をかけ、天まで続く光の橋へ、アテンドする日を待つ日々だった。

彼女は馬の近くにずっといた。時には木陰に隠れ、時には前を横切り、彼にアピールする。馬も自分に気がついているようだった。そして拒絶もしなかった。時がくれば、やがて自分を受け入れてくれるだろうと思っていた。

いつだろう。彼に触れることができるのは、いつだろう。

あるとき、その白い馬は、人間を好きになった。死神はちょっと切なかった。だって、動物が人間を好きになると、自分たちは敬遠されるから。

だけど白い馬は、これまでと変わらなかった。自分を避けるわけでも、嫌がるわけでもない。けれども、思わず触れたくなった時には、ものすごい気迫で威嚇された。

「まだ、触るな。まだ」

そんなふうに言われている気がして、心が張り裂けそうになった。

それからおよそ10年がたった。死神は、まだそばで白い馬を見ている。これまでも、ずっと見てきた。彼の近くで、時を過ごしていたのだ。なぜなら、いつのまにか生きている彼を見るのが、喜びになっていたから。

放牧地で草を食む姿。馬場を駆ける姿。馬房でグウグウ眠る姿。大好きなスイカを美味しそうに食べる姿。そして、人間に寄り添う幸福そうな姿。

やがて、彼女は彼が自分を呼ぶまで、決して近づくまいと決めた。

間違って触れないように。死神は、不用意に相手に触れられない。だってその手で相手に触れれば、死んでしまうから。

死期の迫った魂に触れれば、安らかな死に誘うことができる。それは死神の大きな役割のひとつだった。

そのときまで、本当の最期まで待とう。そう決めた。

彼女はこれまでたくさんの動物たちが、飼い主のもとから旅立っていく瞬間を目にしてきた。それらはどの魂も純粋で、自分を愛してくれた人間たちに感謝の思いを抱きながら、肉体から抜け出していった。その動物たちの魂を、優しくあたたかい世界に、何度も何度も往復して連れていった。

彼女は、静かに待っていた。

春が過ぎると、木々が生い茂る暑い夏が来て、空が澄み始めると山々が紅く染まる秋が訪れる。そして、彼と同じように白く静かな冬がくる。

季節は幾度となく巡った。そして、ある冬。彼が自分を呼ぶのは、そろそろかもしれないと察していた。

そして、とうとうその瞬間がやってきた。

雪の中に倒れた白い馬は、待たせたね、と彼女を呼んだ。

近くに来て、と彼は言った。人間たちも一緒だった。

いいの？　人間たちが見ているわ。

いいんだ、生きて死ぬことを見せなけりゃいけない。

彼女は彼の体にそっと手を当てた。そして、ゆっくりと抱きついた。初めて触れる彼の体はあたたかく、まるで彼の心のぬくもりのようだった。

さあ、行くよ。

彼女の声に合わせるように、その馬の魂から白い雄大な馬体が抜け出して、すっと立ちあがった。

夕暮れに見たその姿は、とても美しかった。

エピローグ

今日で9月も終わりだ。バカみたいに暑かった夏の余韻もさすがに消え去り、風の匂いは一気に秋になった。夕焼けの空を見上げながら、のんびりと歩く。僕が住む町の、小さな横丁。この道はこの時刻になると夕日に照らされ、まるで異世界に迷い込んだかのような幻想的なムードを醸し出す。僕はこの怪しげな雰囲気が、このうえなく好きだった。

『万葉集』でも、「誰《た》そ彼《かれ》と われをな問ひそ 九月《ながつき》の 露に濡れつつ 君待つわれそ」と歌われているほどだから、古くから、この時間帯は目の前の人の輪郭すらもぼやけて、見えざるものたちがうごめきだすのに適した時間なのだろう。

人間界と霊界、そして妖怪たちまでが知らないうちに交差する時間。いや、もしかすると時間という概念すら、ぼやけているのかもしれない。

そんなふうに考えながら僕は、アイスコーヒーをストローで啜った。飲み終えると、草案を練りながら横丁を歩いた。原稿の合間にコンビニにアイスコーヒーを買いにいくのが、ちょっとした息抜きになる。

ふと前方に目をやると、小学生の女の子がこちらに歩いてくるのが見えた。大きな赤いランドセルに負けそうな小さな体で、少しうつむきがちに、しかしどこか注意深い空気をまとって歩を進めてくる。僕は、ランドセルの横で揺れる馬のマスコットに目をやると、ふいにやまちゃんのことを思い出して立ち止まった。

次の瞬間、女の子も立ち止まり、僕を見る。目が合った。

その瞳はわずかな憂いが漂いつつも、明るく強い光が宿っているように見えた。どこかで見たことがある瞳だった。

「……こんばんは」小さな声で、彼女は僕に言った。

そして、なぜだろう。僕の口から、こんな言葉が漏れたのだ。

「こんばんは。君はね、大人になったら人の心を救うための仕事をするといい。きっとできるから。がんばって」

なんでそんなことを言ったのか？　正直言って、よくわからない。だけど、心の中で、誰かがそう言わせた気がした。そして、小さな記憶のかけらが、カラリと音を立てた。

そういえばワカも、先日見かけた子が、なんだか子どものころの自分に思えて、

「がんばりな」

って、つい声をかけちゃったと言っていた。

「……まさか、な」。僕は苦笑を浮かべ、小さく頭を振った。

そっと振り返ると、その子の後ろ姿が夕日に浮かんで光の中にぼやけていった……。

さあ、僕も早く帰って、次の原稿を書こう。

マンションに帰ると、妻がリビングで色あせた古いノートを開いていた。

「なに、それ？」

「私が子どものころの日記。実家の押し入れから出てきたの、懐かしいなあ」

そう言って目を細めた。

「へー、キミって子どものときから字が下手だったんだね。イテッ」

ワカのチョップが首元に決まった。

「あら、これ今日の日付だわ」

「本当だ。ちょっと見せてよ」

僕は日記を手に取って、指でなぞる。

「38年前の今日は、子どものころのワカにとってどんな日だったのかな。えーと、なになに……」

9月30日。晴れ。
今日は学校の帰りに、オシャレなおじさんと会いました……
たぶんあそこは、裏の住人たちの横丁。
あの世とこの世が点と線で結ばれた、そんな場所。
21世紀になった今でも、きっと日本のあちこちに、こんな場所があるに違いない。
昼と夜が入れ替わる、夕暮れ時は、くれぐれもご用心を……。

あとがき

改めまして、小野寺S一貴と申します。

『古事記』や龍神の話を綴る物書きをしておりまして、おかげさまでこれまで20冊近い本を出版させていただきました。

これらはすべて、龍神様が現れて僕たちに生き方を指導してくれたときのエピソードを綴った、とってもためになるお話で、今では多くの方々に読んでいただけるようになりました。

あっ。今、「なんか怪しい」と思いましたか？

安心してください。誰でも思います。僕だって他人から聞いたら、間違いなく眉をひそめるでしょう。ついでに、「いい病院がありますから、もしよろしければ」と、お節介にも病院を紹介しちゃうかもしれません。

そもそも、「私、見えるんです」とか、「実は私には聞こえるんですよ」とか、そういう能力をアピールする人が、僕は苦手です。だってそういう人って、そのうち、「壺を買いませんか？」とか言いだすでしょう？　壺で運勢は変わりません。あと水晶とかね。まあ、手ごろな値段ならアクセサリーとしてはいいかもしれませんが、スゴイ高額で「これで神様とあなたをつなぎます」なんて言われたら、えええー？　どうやって？と思ってしまうんです。

にもかかわらず、僕の妻はまさしく、その「見える人、わかる人」でした。そして、彼女はそれを口外しない人でした。なので、僕たちのいろんな体験を知っているのは、ごく近しい人たちだけでした。

だけど、とあるご縁で知り合った人から勧められて、龍神様からの教えを本にしてみたら、共感してくれる人がたくさん現れたんです。もう、ビックリするくらいに！なるほど。日本人は龍が好きだし、『古事記』は戦前、普通に学校でも教えていたから、日本には「不思議なもの」を、受け入れる土壌があったのかもしれないと納得しました。

そこで皆さんは素朴な疑問として、「龍神以外の声は聞こえないの？　見えないの？」「ほかに不思議な体験をしたことはないの？」とお思いになると思いますが、答えは「ある」です。

あるときひょんなことから、本書にもある不思議体験を編集者さんに話したんです。古びた喫茶店でコーヒーを飲みながら、ただの雑談として。

すると思いのほかおもしろかったらしく、編集者さん、腹を抱えて笑いましてね。

そして、時にはグスンと涙ぐんで、そのうち黙り込んじゃったんです。

え？　僕なにか変なこと言った？って思ったら、

「すごい体験ですよね。他にも何かありませんか？　これはものすごくおもしろい」

とまあ、なんか知らないけど真剣な目つき。

挙句の果てには「このお話、本にしましょうよ。これはしなきゃダメです！」と。

ただの雑談から、あれよあれよと話がまとまってしまいました。

これまで僕たちは、公の場ではこういった話をしませんでした。何度も言いますが、そういう人って、さも「特別な人」みたいに振る舞う人が多いから好きじゃないんです。周りからチヤホヤされて、まるで自分が神様になったかのような勘違いをして、どんどん世間から浮いていく。ああはなりたくないなあと思っていたので、僕らはずっと黙っていました。

だけど編集者さんが笑ってくれて、もっと聞きたいって言ってもらえたことで、書いてもいいかなって思えたのです。不思議な話はみんな好きだし純粋に楽しんでもらえるなら、もう表に出してもいいのかも、と素直に思えました。

そうなれば僕にも物書きとしての矜持があります。あやふやではいけませんので、資料が必要でした。でも大丈夫。僕には備忘録として、結婚してから起きた不思議な出来事を書き留めていたノートがありました。そう、僕は起きたことをすべて記録していたのです。

こんなことってあるでしょうか。あの時、どうして起きる出来事をすべて書き留めておこうと思ったのか。もしかしたら、その答えはここにつながっているのかもしれません。

そして、その備忘録を改めて読み返してみると、これがまたおもしろかった。

いつもは寡黙に執筆する僕ですが、今回はなんだかすごくときめきながらパソコンに向かっている自分がいました。これまでの自分たちを振り返ることができる、嬉しさもあったのかもしれません。

そして完成したのが本書です。全部、本当に起きたことですが、わかりやすく、おもしろくするために多少は脚色して、物語風に仕上げてあります。

とにかくエンターテインメントとして、楽しんでもらえたらと思って書きました。

「信じてよ」とは言いません。

こういうことってあるかもしれないよね。

こんな不思議な経験は自分にも覚えがある。

なんか怖いけど、すっごく惹かれる。

いろいろ辛いこともあるけど、生きるって素晴らしいな。

そして最後は、やっぱりこの世は素晴らしいから、また今日も生きていこうって感じてもらえればいいかなと。

この本にあるお話は、あなたが知っている世界の隣の世界のお話です。楽しんでもらえたら物書きとして本望です。

そして、まさかこんなかたちでカミングアウトすることになるとは、人生はわかりません。

この本を出すきっかけをくれた編集長。ワクワクするイラストとデザインで見えない世界を見える世界へと昇華させてくれた高田真弓先生とタイプフェイスの皆さんには深く感謝申し上げます。

そして、今まさにこの文章を読んでくださっている読者のあなた。最後までお目通しをいただき、本当にありがとうございました。

皆さんにとって、見えない世界が身近で温かなものになりますよう願いを込めて。

令和3年1月　雪降る仙台にて

小野寺S一貴

本文中に引用した書籍や史実・伝承についての参考文献

・鬼・役小角について

『役行者ものがたり』銭谷武平（人文書院）
『役小角読本』藤巻一保（原書房）

・霊界について

『天界と地獄』E・スウェーデンボルグ（宮帯出版社）
『スウェデンボルグの霊界（マンガ版）』（中央アート出版社）
『往生要集を読む』中村元（講談社学術文庫）
『神曲　地獄篇』ダンテ（河出文庫）
『神曲　煉獄篇』ダンテ（河出文庫）
『神曲　天国篇』ダンテ（河出文庫）
『新うしろの百太郎　第4集』つのだじろう（講談社）

・貧乏神の逸話について

『日本永代蔵 全訳注』井原西鶴（講談社学術文庫）

・遠野物語について

『遠野物語』柳田国男（新潮文庫）
『柳田国男　遠野物語』石井正已（NHK出版）

著者プロフィール
小野寺Ｓ一貴（おのでら　えす　かずたか）
作家・古事記研究者、1974年8月29日、宮城県気仙沼市生まれ。仙台市在住。山形大学大学院理工学研究科修了。ソニーセミコンダクタにて14年、技術者として勤務。東日本大震災で故郷の被害を目の当たりにして、政治家の不甲斐なさを痛感。2011年の宮城県議会議員選挙に無所属で立候補するが惨敗。その後「日本のためになにができるか？」を考え、政治と経済を学ぶ。2016年春、妻ワカに付いた龍神ガガに導かれ、神社を巡り日本文化の素晴らしさを知る。著書『妻に龍が付きまして…』、『龍神と巡る命と魂の長いお話』、『やっぱり龍と暮らします。』などの龍神ガガシリーズは累計25万部のベストセラーに。現在も「我の教えを世に広めるがね」というガガの言葉に従い、奮闘している。

【ブログ】「小野寺Ｓ一貴　龍神の胸の内」
https://ameblo.jp/team-born/
【メルマガ】「小野寺Ｓ一貴　龍神の胸の内【プレミアム】」（毎週月曜に配信）
https://www.mag2.com/m/0001680885.html

妻は見えるひとでした

発行日　2021年3月3日　　初版第１刷発行

著　者　小野寺Ｓ一貴
発行者　久保田榮一
発行所　株式会社 扶桑社
〒105-8070
東京都港区芝浦 1-1-1　浜松町ビルディング
電話　03-6368-8870（編集）
03-6368-8891（郵便室）
www.fusosha.co.jp

印刷・製本　株式会社 加藤文明社

定価はカバーに表示してあります。

ISBN 978-4-594-08744-9